語らいと祈り

信仰の12ステップに取り組んだ人々の物語

松下景子

YOBEL,Inc.

▼人は語らいながら、告白しあいながら、深刻で重い問題自体は変わらないものの、そこから解放されていく。

▼語らいの場は祈りである。それも状況を切り開き、解決を勝ち取るような祈りではなく、自分の人生の限界を受け入れることで解放されるような祈りである。

藤掛明ブログ　おふぃす・ふじかけより（http: //fujikake. jugem. jp /? eid=5375）

推薦の言葉　信仰の12ステップの本が発行されるにあたり

臨床心理士・公認心理師等／牧師配偶者　**家山めぐみ**

「キリスト者の生き方・成長の12ステップ」という言葉を初めて聞いたという方も多いことと思います。私がこのプログラムと最初に出会ったのは、精神科ソーシャルワーカーの現場から退いて休養をしている時、故・平山正実氏の運営する精神科クリニックにて、このプログラムのファシリテーターをバイトでやってほしい、と声をかけられたことがきっかけでした。その頃はよくわからないままに様々な問題を抱えた方々と共に不思議な体験をさせて頂いた印象があります。しかし数年後、自分の問題と本腰を入れて向き合う必要を感じ、事務局の門を叩き、その後も息切れと行き詰まりを感じた時には12ステップグループにも参加させて頂き、なかなか手放すことができないものを神に委ねる助けを得てきました。今、平山先生を通して神さまが配剤してくださったこの導きに心から感謝しています。

そもそも「12ステップ」とは、1921年ルター派牧師が始めたオックスフォードグループ運動の中の依存症部門から生まれたAA（アルコール依存症者の為の自助グループ）の回復プログラムであり、教会の霊性運動の中から生まれたものです。今現在は、アルコール、薬物、ギャンブル、性依存症、買い物依存、AC、共依存、摂食障害、感情と情緒の障害等、様々な治療において、当事者にとってなくてはならない自助グループプログラムとなっています（助け主は、聖霊の助けではなく、「ハイアー・パワー」として曖昧になっていますが）。1940年代、AAの目覚ましい依存症の回復の実績を医師たちは目の当たりにして、「AAでは理解できない何かが働いている。ニューヨーク医学会はこれをX因子と呼んでいる。AAではこれを神と呼んでいる」という趣旨の文章があります（「アルコホーリクス・アノニマス　成年に達する」68頁）。筆者が精神科の現場で勤務している時も、医師と共に、退院される依存症の方を自助グループに繋げることが仕事の一つでもあり、もちろん万能ではないにしても、率直に語れるようになれば効果の期待されるプログラムであることは間違いありません。

この12ステップを、キリスト者、キリスト教会の霊的成長の更新を目的とした本来の姿に戻したのが、心理療法家でありルーテル教会の牧師・神学博士、また著名な著作家でもあるヴァーノン・J・ビットナー博士です。博士自身がうつ病や自殺企図、心臓病などの経験をお持ちで、1979年に博士が始められたこの「キリスト者の生き方・成長の12ステップ」というミニストリーは、「キリストの生き方を自分の生き方へと次第に変革し、豊かな霊性と情緒性を伴うキリスト者の人格へ」と導き、キリスト者や教会の成長に助けになるプログラムとして、全米を中心とした世界に、また日本に広まりつつあります。この日本での広まりに尽力されたのが、故・廣瀬勝久先生（ディアコニアセンター主事、カウンセラー）であり、志半ば、白血病で天に召され、その後活動を維持してこられたのが本書を執筆された松下景子氏です。

教会の伝道師であり牧師配偶者である松下景子氏が、生前の廣瀬氏から指導を受け、困難な中にあったご自身の教会に、この「キリスト者の生き方・成長の12ステップ（以下「信仰の12ステップ」）プログラムを導入し、成功した例として、この本は大変貴重な証しと考えます（教会に導入する際の注意点は、藤掛 明氏のブログ〔2009・11・18〕参照。［二重関係性や抱える問題の一致度など］）。

またご自身が事務局として関わったお一人おひとりの物語は、読む者の心を打ち、救われたにもかかわらず方向性を失い、今羊のようにさまよっている方々の心に寄り添ってくれることでしょう。困難な状況の中、信仰の12ステップで真摯にご自身と向き合われ、また聖霊の助けにより変化と成長を与えられてきた方々の、生の感情あふれる貴重な証しが発行されることは、キリスト教会にとっても本当に大きな恵みであると信じます。

特に、コロナ禍以降、社会全体としても、またキリスト教会としても、混乱と葛藤と、また主張と主張の対立があちらこちらで起こりました。交わりは格段に減り、信徒もさることながら、牧師や、またその裏では牧師配偶者も多くのしんどさを覚え閉塞感を感じていたのではないかと推測されます。それはまた現在進行形かもしれません。教会での交わりも、表面的で、時に先輩方のアドバイスで終わって本音を出せず、奉仕にばかり駆り立てられ、いつのまにか来なくなる、といった信徒の現状もあるかもしれません。

御言葉をライフスタイルに組み込むことの難しさは、コロナ禍で交わりが限られてきた今、さらに難しいものとなり、救われたはずのキリスト者の霊は枯れ、気持ちが萎え、信仰を維持することもままならない、そんな現象はないでしょうか。また、教会全体としても、交わりが足りないことで、ディアコニア（仕える教会）としての教会は益々力を失ってはいないでしょうか。

筆者自身、代々受け継がれたクリスチャンホームで育った中で、色々なことで葛藤や弱さや問題意識を覚えてきました。キリスト者が霊の部分で本質的な部分で救われていても、感情の部分ではまだ生まれ育った中での課題が残っていて、神さまからの使命や賜物を生かせないでいる人が本当に多い、というのが日本の教会の一つの現状であるように思います。

キリスト者自身は自分の情緒的な問題と取り組む必要性があるように思うのです。

松下氏は本文の中で以下のように述べています。「指導者である人は、まず自分自身を治めることに力を注がなければならないと強く思いました。今盛んに言われているパワハラ・教会のカルト化の問題の根源にはこのコントロールの問題が根強くあることを思わされます。（指導者には）弱さを出す場所もまた自分の在り方を指導してもらう場所もありません。自分を開き、弱さを認め指導を受けるということは、本当に難しいことです。孤独の中で弱さゆえに、その弱さを見せないために力を求め、結果として人々を支配していく立場をとってしまうことが多いと思うのです」という文章がとても印象的です。

昨今賑わせている統一教会問題、異端的なものがはやる背景には、教会に力がないことも要因の一つなのかもしれない、と自戒も込めて思うのです。また、松下氏のいうように、牧師や伝道師、曖昧な役割を担わされる牧師配偶者など、教会のリーダー的存在の方こそ、自分自身の情緒的な問題と取り組み、ご自身の為に、また人々の為に整えられていく必要があります。

より健全なキリスト者が増えることで、またより健康な教会となることで、廣瀬氏のいう「宣教とディアコニーの働きが一致した働きとして展開し、力のあるキリストの業が人々に証しされること」に繋がることでしょう。

藤掛明氏も行き詰まりからの回復の一つの方法として、弱音を見せあえる小規模の交わりグループのもつ力、大きさに言及されています。[注1] それはもちろん女性会などでの分かち合いグループでもよいでしょう。そこに上下関係がなく、皆対等で、本音で弱音を見せあえるグループであればとても幸いです。しかしそういったグループとこの信仰の12ステップグループの違いは何なのか。それは枠組みがしっかりできていることにあるでしょう。

(付録参照)

機密保持の原則のもと、一人でグループを牛耳る者がないようにし、他人ではなく自分自身のことを率直に語る。誰も指示したり評価したり、解釈をせず、共感と受容の態度をとる、等。一人ひとりが〝言いっぱなし聞きっぱなし〟の原則のもと、安心してわかちあい聴きあうことができるプログラムなのです（これらは普段の交わりにおいても参考になります）。次に会う時まで（多くは一週間後）に、できる限り毎日聖書を読みながら、神が自分に問いかけてくる言葉に耳を傾けます。そしてまた仲間で会い、お茶を飲みながら、最後の晩餐のように、イエスを中心とした相互作用の交わりの中に入るのです。一人ひとりが弱さを出しあう、その所に聖霊が働き、インマヌエルのイエスさまを共に味わう体験に導かれます。

普段の友との交わりの中での気づきもあるでしょう。また必要に応じて個別のカウンセリングを受け、より深い所での課題に取り組むことが有効な場合もあるでしょう。

最後に、信仰の12ステップの大きな特徴として、〝自分自身にはどうすることもできない〟コントロールできない部分が自分にある、という「自分の無力さを認める」マイナスの告白から入るということがあります。しかし、そこに気づくのになかなか時間がかかるのが現実です。沁みついた自分のこだわりの態度で自分の力で闘ってしまい、手放すことはなかなか難しい作業です。しかし焦らず1～12のステップを繰り返しながら、罪の細かい棚卸しも経験し、この第一ステップの原則をきちんと踏むことで、少しずついやしが進んでいきます。土を耕し、信仰の12ステップで土に肥料を与えてあげることで、土から芽が出て成長し、花が咲いていく、そのような方が益々増えることを願っています。

日常を置き去りにしがちな自分の本当の感情をもみつめ、霊的生き方を妨げている情緒的問題、自分の弱さと強さを霊的同伴者と共に見つめ成長させて頂くことができる、そんなプログラムの実際を紹介しているこの本はまさに、イエスの約束されている「豊かないのち」を追い求める人々の、魂の記録です。

注1　藤掛 明著『ありのままの自分を生きる』一麦出版社

推薦の言葉　主にある豊かな交わりに支えられて

小暮敬子

　牧師夫人として奉仕するようになって15年が過ぎた時のことでした。一生懸命神さまと教会に仕え、奉仕をし、祈り、教会の方々の悩みや心の痛みに耳を傾け、寄り添い、励まし、自分にできる精一杯のことをして主に喜ばれる歩みをしたいと願っていた私でしたが、いつもどこかで「自分はこれでいいのだろうか」と不安を抱え、誰にも分かってもらえない孤独感、疲れ、無力感に襲われることがありました。

　牧師夫人としての歩みの中で、ある時とても「痛い」思いをしました。それまでの私は、「たとえどんな人であっても、落ち着いてきちんと向き合って話をすれば必ずわかりあえるのだ」と思っていたのですが、私の最大限の愛と忍耐と努力にもかかわらず、全くどうにもならないどころか、事態はどんどん悪化、もはや私にはどうすることもできない出来事でした。それは今も私の中では大きな傷となっています。さらにもう一つのことが引き金となって打ちのめされ、精神的なバランスを崩し、抗不安薬を飲まないと日常生活も保てない状態になってしまったのです。「主のため、人のため」と言いながら、自分一人のことさえどうにもならないとは、自分で自分が情けなくてたまりませんでした。そのような状況の中で、私は12ステップに出会ったのです。

初めて12ステップの学びと交わりに導かれた時、「心の思いを分かちあえる仲間がいる」というのは、何とすばらしいことだろうか、と思いました。初めから何もかもわかったわけではありませんが、「霊的な成長を願うならば非常に有効な手段なのではないか」と感じました。

それまでの私は、用いられる主の働き人というのは、全て完璧で、悩みや傷、破れなんて何もないのだろうと思っていました。そんなことはとうの昔に克服、解決した人だけが主に用いられるのだと思い、そうでない自分はダメなのだとどこかで思っていたのですが、12ステップを通してお会いした方々、ファシリテーターとして用いられている方々も、様々な傷や痛みがあり、課題を抱えておられるけれども、なるほどそれでもいいのだ、問題や課題のない人はいないし、それを抱えたまま生きている、奉仕している、ということがあってもいいのだ、と思ったのです。「痛みや弱さがあっても良い、主がそれを強さへと変えてくださるのだ」これが、私が最初に12ステップを通して受け取ったメッセージでした。

幸いその時から、共に12ステップに取り組む牧師夫人の「仲間」が与えられ、今日まで主にある豊かな交わりに支えられていることを感謝しています。少しずつですが、でもその交わりは確実に霊的生活に変化をもたらしています。私たちは他人を変えること、状況を変えることはできないかもしれませんが、主の助けと仲間の支えを通して自分を変えることはできるのです。牧師や牧師夫人の回復が、教会にとってどれほど大きな意味があることかと思わされています。

牧師夫人は、他の方のお話を聴かせていただくことはあっても、自分のことを誰かに話す機会はなかなかありません。けれども12ステップでは、黙って私の話に耳を傾けてくれる仲間がいて、決して批判したり責められたりせず、安心して自分の感情をさらけ出すことができ、特に否定的な感情をも分かち合うことができるのです。「こうありたい、こうなりたい」という理想像のみを見ると、現実の自分の姿を正直に見つめることができず、残念なことに、教会の中でも良いクリスチャン、立派な信仰者であるように演じ続けなければならないような気持ちになることもあります。けれども信頼できる仲間に自分自身のことを語ることによって、自分を知り、見つめ直すことができるのです。現実の自分、ありのままを認め、受けとめることができ、現実の問題、課題をも受けとめて乗り越えていく力が与えられるのです。

自分の場（教会）を離れ、肩書きや役職を離れて私個人として定期的に仲間と会い、お互いにありのままを受け入れあい、祈りあうことができる交わりを、この12ステップを通して主が私のために備えてくださり、自分自身のことを語ること、また他の方々の語られることを聴くことを通して、神さまの助けと仲間の助けを得て、自分自身が変えられていく経験をしました。仲間と共に成長し、共に主の前に引き上げられ、弱さや欠けがあってもいい、そのままで主に愛され、受け入れられ、用いられ、その弱さを主が強さへと変えてくださることを知りました。

12ステップを通して私は、自分にはできないことがあることを認めることができるようになりました。それまでの私は、真面目さのゆえに「できない」ということは不信仰、「できるか、できないか、ではなくやらなければならないのだ」と思っていましたが、現実の自分のありのままの姿をきちんと見つめること、それがまず第一歩でした。「薬を飲まなければやっていけない、そんな情けない自分でもいいんだ」と、心からそう思えた時、薬は必要なくなりました。人との交わりの中での心の傷は、人との関係の中でいやされていくのだと実感しています。事実を認め、受け入れること、必要のないものを手放すこと、ゆだねることを通して与えられる真の平安を感謝しています。

12ステップに取り組んで15年以上経ちました。相変わらず問題や課題はなくなったわけではありません。でも自分を縛り付けていたものから解放され、自由に、楽になりました。教会に、人に仕えるために、召されて献身したのですが、以前の私は神さまのため、人のため、教会のため、夫のため、子どものため、と忙しくしていて、自分自身のことを落ち着いて考えることもできませんでした。でも自分自身をよくよくかえりみることなしに奉仕を続けることは決して誰の益にもなりません。「自分に変えられないものを受け入れる平静な心、変えられるものは変えていく勇気、二つのものを見分ける賢さ」――この12ステップの開会の祈りに支えられ、忙しい毎日だからこそあえて自分自身のケアのために時間を取り、主の前に自分自身を吟味し、仲間と共に、神さまが意図してお造りくださった私自身になるために、主を仰ぎみつつ歩ませていただきたいと願っています。

この度、尊敬する松下景子先生が、この12ステップに取り組まれた方々のお証しをまとめてくださり、12ステップをご紹介する本を執筆してくださいました。この中に記されている方々の人生の歩みに主が寄り添ってくださり、12ステップを通してその方々の内に働きかけ、苦しみや痛みを通り抜けて成長させてくださり、人生を変えてくださったこと、それは私自身も経験したことです。「今の時代は12ステップを必要としています」という廣瀬先生の言葉は、私の心にも迫ってきます。かつての私がそうであったように、本当に必要としておられる方がこの交わりを通して主にある豊かさへと導かれますように、心から願い祈ります。

語らいと祈り

——信仰の12ステップに取り組んだ人々の物語

目次

はじめに

「12ステップって何ですか？」

「どんな効果がありますか？」

「伝道には役立ちますか？」

「特別な人がやるのですか？」

12ステップの事務局をしていて、様々な質問があります。

12ステップの内容と源流については推薦を書いてくださった臨床心理士・公認心理師であり、また教職者夫人でもある家山先生がとてもよくまとめて、分かりやすい解説をしてくださいました。

また教職者夫人として12ステップを経験してくださった小暮敬子さんが胸に迫る推薦文を書いてくださいました。


世の中では、AAの自助グループをはじめたくさんの自助グループが存在していますが、キリスト教会では、まだまだカウンセリングや自助グループなどの知識は広がっていないように思います。

ですから、「ぜひ一度経験してください。そして有効かどうかを決めてください」とお勧めしています。経験してみてわかることもとても多いと思います。経験してみないとよくわからないといったほうが良いのかもしれません。信仰の12ステップの簡単な説明と概略については本文最後の付録の中で「【信仰の12ステップ】はじめの一歩」として簡単にまとめて書かせていただきました。

現実にはそのための時間をとることが難しく、また近くに信仰の12ステップのグループが存在していなかったりと、参加し、経験に至る方はそれほど多くはありません。（コロナの影響で、オンラインでのステップも少しずつですが広がりをみせています。コロナが与えてくれた恵みであるかもしれません。これから広がることを期待しています）。

しかし、いろいろな思いを抱えてようやくたどり着いた方が、会を終了するときは、

「本当に参加することができて良かった」

「聞いていただけるだけでこんなに楽になるのですね」

「続けて自分の課題を取り組んでいきます」

「こんなに神さまに向かって祈ったことはない」

「また取り組んでみたい」

「私の問題が明確になりました」

「あきらめないで、回復に取り込みます」と喜んで語ってくださいます。


すでにいろいろな方法で、信仰の12ステップは紹介されていますが、それほど認知が進んでいないのかもしれません。

改めて、私自身が経験し、一緒に涙を流しながら、問題の渦中を同伴者として歩ませていただいたことをまとめさせていただきました。これをとおして、この本がこれから始めてみたい、また今苦しみの中で、同伴してくださる人を求めておられる方が、グループを見出す手助けになればと願っています。

(1) 28年間の歩み

ステップを始めて28年間。一緒にグループを組んだ方々はどれくらいの人数になったことでしょうか?

私は几帳面な性格ではないので、今までの記録をつけていません。また意識して記録してこなかったこともあります。聞くときは真剣に聞きますが、聞いたお話しはなるべくその場所に置いて、帰って来られるようにしています。特に重たい問題の時は、自分自身がその問題と適切な距離をとれるように心がけるように取り組んでいます。最近は良いことなのか悪いことなのか年のせいなのか、この忘れる能力に磨きがかかってきています。

単純に計算して、1年間に3クールとして、約2016時間。

グループの平均が5人として、延べ420人を超える方々とプログラムを取り組んできました。お一人おひとりが誠実にご自分の問題と向き合い、神さまからの導きを求めておられる姿に胸打たれることが多くありました。もちろんプログラムが厳しくて、取り組めなくて、途中でリタイアされる方もおられました。

一回で終えられる方もいますが、10数年もご自分のライフスタイルになるように取り組んでおられる方もいます。

私も様々な人生の節目、節目を通りながら、また牧会という祈りなくしてできない、また自分の力では何も導くことなどできない中で、「無力さ」をいやというほど味わいながらも、一緒に時を過ごす恵みを与えられてきました。

メンバーの力を借りながら、歩んできました。

自分の心のうちにある悩み、苦しみを吐き出し、聞いてもらい、助けられ、一緒に神さまが用意してくださる良い導きに心躍らせ、良い境地にたどり着けるように歩んだ28年でした。

28年が経過してきて、今新しい段階に入ってきたことを実感しています。私の中にあった私自身の様々な葛藤が昇華されて、良い意味でも痛み、悲しみが取り去られ、透明になってきていることを実感しています。そのこと自体はとても嬉しいことですし、また感謝なことなのです。

しかし葛藤が少なくなってきた中で、苦しみの真っ只中の方々に、苦しみの中でのリアルタイムでの姿をプレゼントとして提供できることが少なくなってきたことを感じます。分かち合いの魅力は悩みの中を歩んでいるメンバーの姿をわかち合うことです。

(2)「一人ひとりは神さまからの贈り物」

分かち合いはそれだけで贈り物となるのです。

悲しみ苦しみを分かち合う時、それは豊かな贈り物になります。

「話すこと」は「離すこと」

たくさんの分かち合いの中で、話すことにより、問題を離し整理し、問題を客観的にみつめ取り組んでいく勇気が与えられ、問題を切り離すことができるようになっていきます。グループカウンセリングは仲間の力を借ります。同じ悩み、同じ苦しみを共有して、回復のために仲間の存在が貴重になります。たとえ苦しみが違っていてもその人の苦しみを受け止めようとする思いやりがそのグループの中で動き出します。

そして、苦しみからの回復者が参加者の助けとなって、失望の中で苦しんでいる人を知らず、知らず導いていくことが起こります。1対1のカウンセリングではなかなか起こらない、グループで起こる様々な感情の揺れ動き、また関係性の再構築などが動き始めます。これがグループの持つ力[注1]になります。

そして信仰の12ステップでは、その中に鮮やかにイエス・キリストがご臨在してくださることを何度も経験いたしました。「二人か三人がわたしの名において集まっているところには、わたしもその中にいるのです。」（マタイ18・20）のみ言葉のとおりです。

私自身の中に葛藤・怒り・焦燥感等々、そのようなものが薄くなってきていることに危機感を持ちながら、グループを組むときに、

〝あの人がいてくれたら〟

〝彼女がいたら〟

〝あの方が語ってくださったら〟きっと「良い先行く人」になるだろう。「良い分かち合いをしてくれるだろう」と思うことがしばしばあります。

そのような中、今まで一緒に旅をしてきた大切な仲間の事を記すことで、これから後に続く方々の良い導きになるのでは、との思いが強くなってきました。

12ステップは匿名性を重んじます。またその方の問題を他の人に漏らしてはならないという、機密保持が原則になりますので、このようなことを書いて良いのだろうかと思って、随分躊躇しました。

それでも愛する人々の物語を読んでくださり、それぞれの物語がこれから12ステップに参加しようとしておられる方を励まし、勇気を与えることができたらと願って書くことにいたしました。人生に躓き・傷つき・痛みの中に入ることは様々な理由が考えられますが、

回復していく時は人の助けを受け、自分の思いを受け止めてもらうこと、先行く人を見て希望を失わないことが大きな要素になります。

今回取り上げさせていただく方はもちろんご本人の許可をいただける方や、また匿名性が守られるように、差しさわりがあるような事柄は変更し、また興味本位にならないように注意をしました。また複数の事例を取り合わせて架空の設定を含んだミックスの事例も取り入れています。様々な事例の中でも今苦しみを抱えておられる方の助けになるように、少しでも普遍性があるようにと選ばせていただきました。

12ステップの働きの最初から様々な導きをしてくださっている精神科医の工藤信夫先生には、関わってくださった事例についてコメントを寄せていただきましたので、事例後に追記してあります。

この物語の主人公が皆様の分かち合いの中に登場し、大切な仲間として受け入れてくださることができたら、本当にうれしいことです。

そしてこの本を読まれた方が、自分も信仰の12ステップに取り組んでみたい。キリストにある豊かな生き方を目指したいと願ってくだされば幸いです。自分を愛し、友を愛することを学び、変革は可能であることを信じ、成長することを願い、実践するグループの取り組みを紹介したいと思います。

2023年6月

松下景子

注1「グループの持つ力」の参考文献
・グループセラピーでいやされる理由　廣瀬勝久著『キリスト者の生き方・成長の12ステップ』グループミーティングについて　p42〜44参照
・グループではなにが起こるのか。「あなたは一人ではない」「あなたはあなたのままでいい」「人とのつながりを復活させる」「感情を回復させる」などのメッセージを受け取れる。p43〜47高松里著『セルフヘルプ・グループとサポート・グループ実施ガイド』金剛出版

1章　教会での働きと12ステップ

（1）問題の解決を求めて

1995年、教会に起こった大きな問題の解決のために、当人たちのために、相談する場所を探しました。心療内科のクリニックでは、「薬では治せません」とドクターに言われました。

いのちの電話では話は聞いてくださるのですが、「アドバイスはできません」と言われました。「ここなら！」と思えるところを見つけることができず途方にくれました。いざとなったら、回復どころか相談する人を「見つけることもできない」それが現実でした。

信頼できる知人から紹介してもらった、東京ディアコニアセンターにお電話を掛けました。

お電話に出てくださった廣瀬勝久主事に今の実情をかいつまんでお話いたしました。短いお話しの後、「相談室にいらしてください」と言われて、翌日横浜のはずれから、電車を乗り継いで、千葉県の佐倉にある相談室にたどりつきました。

約一時間、私たちの話を聞いてくださり、「12ステップをしましょう。遠回りのように感じるかもしれませんが、結果としては解決に向かいます。そちらの教会で開きますので、数名集めてくださいますか？」とご提案くださいました。

初めてお会いした廣瀬カウンセラーの言葉、また初めて聞く「12ステップ」という言葉。何が何だか、わからないけれど、誠実な眼差しにかけてみよう。良いといわれるプログラムに取り組んでみようと思いました。

それほど切羽つまった状態に困惑していたことと、そこから脱出できるのであればと、藁にでもすがるような気持ちでした。

早速、翌週から教会の一室で、信仰の12ステップ（キリスト者の生き方・成長のための12ステップ）のプログラムに取り組むことになりました。

(2) とりあえずグループを組む

何をするかわからず『良いものだ』と言われたものの、本当にそうだろうかと半信半疑でした。そのような中で、プログラムが始まりました。

メンバーが5人集められ、まずオリエンテーションでプログラムについての説明がなされました。次の週までに、テキストを読み、そこから導かれる自分自身の思いを探り、話す準備をしていくことになりました。

他の教会からの参加者もあり、初めてお会いする方、どのような問題を持っておられるかわからない方と、分かち合いをすることに戸惑いがありました。一週間自分が考えてきたこと、またテキストから導かれてきたことをぎこちなく分かち合いを始めました。

自分で話す内容をまとめなければなりません。教会の家庭集会で聖書の学びのように受け身ではなく、「いつ話すのか」

「どんなことを語ればよいのか」と模索しました。

また自分自身のことを語るわけですから、今まで誰にも話さなかった事柄とも向かいあって取り組んでいかなくてはならない局面も出てきました。

最初は自分のために始めた12ステップではありませんでしたが、ミーティングが進むにつれて、自分自身の問題を掘り下げ、何が自分の問題であるのか、また私がどうすることが良いのか、毎週毎週のメンバーの方々の話に耳を傾けながら、考える日々を過ごしました。

問題を抱えた当事者たちやその家族の方も参加し、その人たちもご自分のありのままの姿を話してくださり、今まで表面的にしかわからなかったことも、その中で複雑に絡み合う人間模様を見せていただけたように思います。

意見を挟むとか、質問をすることなどはできず、ありのままの状態を受けとめる訓練でした。

「言いっぱなし、聞きっぱなし」という約束は新鮮なものでした。教会の中でのグループでの聖書研究会や家庭集会とは明らかに違う集まりでした。自分の意見を最後まで話すということはある意味初めての経験でした。問題解決ではなく、そのままを受け止めることを求められたように思います。

（3）「共依存ってなんのこと」

グループを集めるときは、同じような問題を抱えている人たちと分かち合うことで、共感が得られるのですが、初回はバラバラの人たちが集まりました。今考えるとあり得ないような組み合わせのグループでしたので、戸惑いを感じ、またそこで話し合われていることに共感できないこともたくさんありました。これがどうして回復につながるのかわからないことだらけでした。

そのような中で、「私たち共依存者は[注1]」と廣瀬先生が言われたとき、

私は心の中で、

「私たち？」

「私は共依存者ではない」

「私は病んでいない」

「私は良きことをしている。問題は私にはない」とつぶやく私がいました。


12ステップの取り組みの中で、また「家族依存症[注2]」の関係の本を読むようにとすすめられていました。「多くの家族関係の病理を理解するには、家族依存症の理解は大切です」と言われ図書館で依存症をキーワードにたくさんの本を借りむさぼり読みました。その中で、依存者の存在と共依存者の存在があること、共依存者が自分自身の問題に気づき、相手に依存させることをやめていく時、関係が変わっていくことを学びました。

注1・2
共依存というのは、アルコール依存、薬物依存などの「セカンダリィ・アディクション（二次性の嗜癖）の基礎になる、「プライマリィ・アディクション（基礎的な嗜癖）」つまり嗜癖的人間関係のこ

とです。この基本は他人に対するコントロールの欲求で、他人に頼られていないと不安になる人と、人に頼ることで、その人をコントロールしようとする人との間に成立するような、依存・被依存の関係が共依存症です。斎藤学著『家族依存症』新潮文庫p203

(4) 人間関係の中で病むこと

「家族関係の病理」「家族システムの問題」は初めての概念でした。良かれと思って言っていることも、実はその人の病む状態を長引かせることも起こりうるということ。目が開かれていくようでした。

神学校を卒業して教会に派遣され、教会の人を愛し、「良きことをなしたい」との願いに支配されていました。人に頼られていくことに、意識していなくても喜びを感じていた自分自身を見つめました。自分自身の歪んでいる考えを認めることはとても難しいことでした。

「私は共依存者です。必要とされることに喜びを感じます」

「良い牧師夫人でありたい」
たどり着いたことは、「私は自分の原家族《げんかぞく》[注3]の中でメシアとして生きることを望まれていた。また今までそのように生きることを強いられてきた。」ということでした。自分自身に問題（共依存性）があることを認めることはとても苦しく、今までの働きそのものを否定されるようで、とても辛いものでした。のたうちまわりながら『ステップ１　無力であること』を受け入れました。自分のうちにある、どうしようもない感情に支配されていることをようやく認めることができました。

「人に必要とされたい。良い人でいたい」

そんな心の奥底にある、自分と出会うことはとても辛いことでした。無力であることを受け入れることは、今までの自分自身を否定するようでした。キリストを救い主とするのではなく、自分自身がメシアとして、人々に受け入れてもらいたい、自分の奥底にある歪みを受け入れなければなりませんでした。

無力を認める。自分の心の中の深いところに下りて行き、自分の醜さと出会うことであったと思います。生い立ちの中でもうすでに乗り越えてきたと思っていたことをもう一度棚卸《たなおろ》し注4をして吟味しました。

破壊された家庭の中で育ったことによって、自分自身の歪んでいる姿を正直に見なければならない。無力であることを受け入れた時、涙と共に今までの重荷を下ろすことができました。

注3　原家族　本人が育った家庭のことを指す。

注4　棚卸し　ステップ4の中で人生の棚卸しをして振り返ることを行う。

（5）境界線の確立

無力を受け入れて、自分の領域と人の領域を区別し、人の問題を解決してあげなくても良い。その人の回復を祈り、待ってあげられること。境界線を定める。この境界線がとても曖昧であったことが自分の大きな問題であることがわかりました。人との境界線を守り、人の責任を負う必要がないこと、断る勇気が与えられました。

「今の問題はだれの問題？」

「私の問題でなければ、その人が問題を解決できるようにその人に問題を返していく」

「私は何もしなくてもよい」

「私は私の分を果たす」

自分自身に言い聞かせるようにして。体の中に染み込むように、繰り返し、繰り返し、言い聞かせました。頭で理解するのではなく、私の感情が、落ち着くまで言い聞かせました。


「共依存者が回復するためにはどうしたらよいですか？」

と聞いた私の質問に廣瀬先生の答えは
「一生治らないですね。共依存を貫くことです」。なんとも不思議な言葉をいただきました。

『思い切ることは、気にかけることを止めることではない。

それは、誰かに代わって私がやるわけにはいかないことだ。

思い切ることは自分で片付けてしまうことではなく、支えとなってあげることだ』。

信仰の12ステップ　学習ノート：「平安を得るために思い切る」から引用

(6) 共感してもらうことの喜びと、同伴してもらう心強さ

自分の感情をただ受け止め、共感してもらうことが喜びになる。今まで決して話すことができない自分の弱さと強さを語り合う中で、自分を肯定できる満足感を味わうことができました。

10代の自分の姿と照らし合わせたときに、12ステップの感覚が、とても懐かしく、不思議な気持ちになりました。私が一番辛く、神さまを必要としていた時代に、「キリストと共に12ステップをしていた」と思い出しました。回復のプロセスは同じでした。ただ、その時はキリストが照らしてくださる足の灯だけを見つめながら、暗いトンネルの中をとぼとぼと一人で歩いている感覚でした。先が見えず、孤独と悲しさがうずまく、先がみえない旅路でした。人に心を開くことも、怖ろしくできませんでした。世界で一人しかいない。そのような気持ちにさえなりました。

主人はそんな私の同伴者として登場してくれました。主人もある意味共依存者だったのかも知りません。助けてあげたいと同伴者になってくれました。

12ステップが開始する時は、見ず知らずの人とでも同じ場所に座り、耳を傾け、一時的でもその旅路に同伴してくれる仲間ができます。直接的な関係がないことが多いですが、一緒に霊的な旅をする現実の仲間です。もし過去の私が12ステップを知っていたら、あんなに長く、孤独の中で暗闇をさまようこともなかったのではないかと思いました。一緒に霊的な旅路を歩んでいる同伴者がいることは、なんと心強いことなのだろうと励まされたことでした。

(7) グループからもたらされた効果

緊張した初回のグループは終了しました。一回では、効果やいやしがすぐにもたらされることはなく、続けて廣瀬先生が、自助グループとして教会の中で、開催してくれることになりました。成長し自立するように、約二年間、毎週通って来られ、指導していただきました。

教会の中でメンバーを集めて、グループを組むようになりました。その効果としてはまず、私の時間がとてもゆとりのあるものになりました。それまでは朝・昼・晩、電話や直接会っての相談事があり、そのために時間をたくさん必要としていました。

しかし、会を始めてから、そのような方々をグループに分け、一緒に問題に取り組みました。私が何かアドバイスをすることが目的ではなく、時間を共にし、その方のお話に耳を傾けて、時を過ごすことを大切にしました。「治してあげよう、導いてあげよう」ではなく、話を聞き、共にいることの大切さを味わいました。その人のペースで回復していくことを待ち、また良い実を実らせていきたいと願うことが起こってくるように導かれていきました。

薬を飲んで、すっきり治り、問題から解放されることは、誰でも望むことです。しかし、生き方の中にしみついた問題は、短時間で解決しない。当たり前のことですが、私たちは苦しいと、すぐに治りたい、誰かに治してもらいたいと願います。心をいやすためには時間と労力が必要であることを覚えました。

グループの方々には機密保持を約束し、中で話すことは外に漏らすことはできない制約があります。

何を話しているかは知られることはありません。また実行しているメンバーのことも教会の中では紹介しないので、何をしているかわからないのですが、教会の中で、確実に多くの実を見ることができるようになっていきました。内容はわからなくても、大切な時を過ごしていることは、教会の中で認知されていきました。

問題はないと思われる方々も(問題がないということはないと思っています。問題に蓋をして見ないようにしていることもあります)、多く取り組んでくださり、健康度の高い方々はとても成長が早く、霊的な覚醒を覚える素晴らしいステップになりました。教会の霊的成長につながっていきました。

メンバーの方々の感想は

「ただしゃべっているだけなのに、楽になるよね」

「自分を見つめることはとっても苦しいけど私を知ってもらうのは嬉しい」と喜びを分かち合ってくださいました。

聖書の学びと分かち合い、そして、12ステップの取り組みは教会の大切な両輪として機能していきました。当時、夫が牧師の立場から12ステップの事をまとめた文章が残っています。その一部を引用いたします。

（8）「教会が用いる道具として有効なグループ・セラピー」　牧師　松下　信

1995年から、当教会の活動として「キリスト者の生き方・成長の12ステップ」を取り入れてきました。当時、教会に心の病を抱えている方々があり、その対応に苦慮するようになっていました。そんな時、12ステップの働きを知り、教会に導入しました。この働きを取り入れてからの顕著な変化は、妻のカウンセリングに要する時間がずっと減ったことです。効果は徐々に現れてきました。参加者たちが情緒的に安定してきたこと。また、自分自身を客観的に認識できるようになり、神さまへの信頼と自信を取り戻していきました。（中略）

当教会ではこの働きと「みことばの分かち合い」の働きが車の両輪のようになって、教会の霊的成長に大きく貢献してくれました。心の病を抱えている人だけでなく、すべての人にとって有益なプログラムです。また、キリスト者にとって、霊的な成長を促すものでもあります。

12ステップを牧会の道具（万能ではありません）として、今後も積極的に用いて行きたいと願っています。

（9）人と共に生きるために

人間が抱えている闇を知らないで人の心に触ることは、恐ろしいことです。振り返ってみて、知らないゆえに恐ろしいことを平気でよくやっていたと思います。神学校で「神学」を学びましたが、「人間学」は学びませんでした。若い牧師夫婦は何の技術も方法もなく、熱心な思いだけで人々と関わり、また傷つき、その中で多くの学びをさせていただきました。

そして、牧会している私たち自身も、神様の助けといやしを必要としている神の子どもであることを明確に自覚しました。「まず私をいやしてください」と切に祈らされました。

後年、聖学院大学大学院の聴講で藤掛 明先生の授業を受けたとき、臨床心理士は相談者とカウンセラーを守るために、「二重性、多重性の禁止」がとても強くあることを学びました。「知り合い、友人」をカウンセリングすることはしない。これはとても大切なことであると。

教会というところは二重性、多重性が存在します。牧会する時、また教会員の方々の悩み苦しみの相談を受ける時は、この危険性を充分承知をしたうえで、事に対処していかなくてはならないと強く教えられました。ある意味ではとても危険な関係を生じさせる場所になりうることを牧会者は知る必要があるのではないかと思います。

また、教会の働きに携わる人々は自らの弱さを見つめ、弱さから人々をコントロールするのではなく、キリストに従っていく人々と共に歩んでいくことが、どんなに大切であるかと学びました。指導者である人はまず自分自身を治めることに力を注がなければならないと強く思いました。

今盛んに言われているパワハラ・教会のカルト化の問題の根源にはこのコントロールの問題が根強くあることを思わされます。

牧師は孤独な職業です。一つの教会に派遣されてしまえば、その中で行われることに、他の教会の牧師が指導し、意見を出すことは、ほとんどありません。お山の大将であり、一国一城の主《あるじ》ですから、自分の教会の運営を相談し、また他の教会の運営に意見をすることもほとんどありません。弱さを出す場所もまた自分の在り方を指導してもらう場所もありません。教団で研修会はもちろんありますが、研修会の内容はそのような内容に触れることはとても少ないですし、また牧師たちの見ている先は異なっているように思います。

自分を開き、弱さを認め指導を受けるということは、本当に難しいことです。孤独の中で弱さゆえに、その弱さを見せないために力を求め、結果として人々を支配していく立場をとってしまうことがあるのではないでしょうか。現在、牧師たちのための12ステップをしてくださっている方がいますが、牧師たちがまずいやされ、回復へと導かれてほしいと願います。

教職者夫人[注1]の場合はもっと深刻なように思います。研修などはほとんどなく、立場があいまいな上に、教会の働きの中で、多くの相談の窓口になります。霊的な問題から始まり、家族の問題、子育ての問題等々、多岐にわたります。また人々からの関心を向けられる立場でもあります。そのような中で教職者夫人の相談できる所、いやしのために学ぶところは必須なのではないでしょうか。

教会で起こることに対しての事例の検討も必要でしょうし、またそのことでスーパーバイズを受けることも必要だと思います。カウンセラーの方々はそのような支援をたくさん受けながら相談を受ける仕事をしておられますが、教会としては、混迷している世の中で働いているのにもかかわらず、支援を受けることがあまりにも少ないことに驚きさえ覚えます。ケアする人たちのケアが本当に必要です。

いやされた者だけが、キリストのいやしを語ることができると思うのです。教会の働きを担う者たち自身もいやされ、いやしを語ってほしいと願っています。

注1　牧師夫人・伝道者夫人・教職者夫人・教職配偶者等の表記についての考え方

今まで日本の教会の中で「牧師夫人」という名称が独り歩きして来たと思う。「牧師夫人とはこうあるべきだ」という論争もあったのではないだろうか。正式な役職名ではなく、日本の教会独自のものなのか、その名称に一定のイメージなどが存在していることを思う。多くの教職者夫人はその名称に悩まされてきた経緯があるためか最近では教職者夫人という呼び方がされるようになってきている。

この本では、他の方に対しては教職者夫人。自分として語るときは教職配偶者としての名称を使わせていただく、原稿を寄せてくださった方々が使っておられる名称についてはその方が書かれたものにしてある。

2章　家族依存症から回復した　朝子さん

（1）出会い

教会に初めて来られたのは今から30年前になるでしょうか。誰の紹介でもなく突然礼拝に来られました。年齢は40歳後半、看護師をしておられるとお話しされました。三浦綾子さんの本が大好きで、たくさん読んでいること、教会に来てみたかったことを玄関にいた私にお話しになられました。とてもやわらかい物腰と素敵な笑顔の方でした。

帰る時、「キリスト教を信じたら人を赦せるようになりますか？」と真剣なまなざしで問われました。その質問に戸惑いながら「時間はかかるかも知れませんが、赦せるようになります」とやっとの思いでお話ししました。

「わかりました。それなら教会に来ます」とお話しになり、それから熱心な求道生活に入っていかれました。そのスピードの速さには驚き、「もう少しゆっくりしましょう」と言いたくなるほどでした。

聖書の通読、勉強会を経て信仰告白に導かれました。さあ、これから受洗へ、という時に事件が起きました。

(2) 事件発生

朝子さんが泣いて教会に飛び込んで来られました。ご主人が家の中の聖書と、ありとあらゆる信仰書、三浦綾子さんの本をお風呂の湯船の中に沈めて怒りをぶちまけているとの報告でした。

牧師と私はご主人からの呼び出しに出向きました。

「礼拝に行くことはまかりならぬ」と激しい怒り、また奥さんを取られることの恐れを受け取りました。一時間ほど、信仰のお話しや、信じることはご主人を裏切ることではないことをお話ししました。また「ご主人の許しをいただくまで礼拝には出ない」ことを約束して、帰宅しました。

それからが朝子さんの戦いでした。礼拝には約束どおり出られないので、平日、勤務の合間で学びと交わりを重ねていきました。その中ですこしずつ朝子さんのお話を深く聞くことができるようになりました。

東北から看護師を目指して横浜に来たこと。学生時代にご主人と出会い間もなく結婚。一人娘愛子さんをもうけるが、なかなか難しい結婚生活であったこと。ご主人のお仕事がうまくいかなくて、朝子さんが家計を支えて働きバチであったことなどを聞かせていただきました。それでもご主人を愛し、またお子さんを愛していきたいと、願っておられました。

（3）愛子さんのこと

高校生の愛子さんも精神的に不安定なところがありながらも、教会に喜んで来るようになりました。朝子さんもその姿に励まされて、また愛子さんの願いもあって、ご主人とも話し合いが進み、教会に来ることが許されるようになりました。一番喜びがあふれていた時のように思います。ようやく落ち着いた生活ができるのではないかと思われました。

そんなとき、愛子さんが今までお母さんに言えなかった様々な事柄をお母さんにぶつけていくようになりました。あるきっかけの出来事があり、今まで良い子でいなければならないと彼女を縛っていたものから解き放たれたのでしょうか、お母さんに対して強く激しい感情が出てくるようになりました。

うつ症状・不安感を訴え、お母さんに見せていくようになりました。また逸脱行為もあらわれてくるようになりました。怒り・不満・苛立ちが渦巻き、その矛先がお母さんに向けられて行きました。

「こんな私に誰がした」全身全霊で親にぶつかっていきました。まるで3歳児が親に突進して受け止めてもらうような姿でした。あまりの激しさに、朝子さんも驚き、受け止めきれず、おののきました。

またどこに相談すればよいのかわからず、前述した東京ディアコニアセンターに助けを求めました。愛子さんへの対応、また家族のケアのために12ステップの学びを勧められました。

その時に廣瀬先生から勧められたのは、依存症をキーワードにした家族依存症と関係嗜《し》癖《へき》の理解を進めるようにとの助言でした。12ステップの学びと並行して家族依存症の理解。「未知との遭遇」のような感じでした。

朝子さんは自分自身の事よりも愛子さんの回復のためになるならばどんなことでもしたいと、意欲的に12ステップに取り組んでいかれました。

廣瀬先生はグループの指導と共に、朝子さんのカウンセリング、また愛子さんのカウンセリングに時間をかけてじっくりと取り組んでくださいました。

（4）朝子さんの気づき

12ステップも並行して行い、回数を重ねていく中で、朝子さんは生きることに必死で、愛子さんがどんなにさびしい気持ちの中で生きてきたのか、彼女の必要に答えてこなかったのかを知る時になりました。また回復のために、愛子さんをありのまま受け止めていくことの大変さを味わっていきました。手のかからない、静かな愛子さんはお母さんのことを心配し、何も言わず、良い子として成長したのだと思い知りました。改めて朝子さんは何も見てこなかったことを後悔しました。親として子どもの心に寄り添うことをしてこなかった大きなつけを受け取る数年でした。

娘から投げつけられる怒り、また不満をどのように受け止めていったらよいのか、また過ぎ去った時を取り戻せない悲しみが彼女を覆っていきました。それだけでなく、朝子さん自身も小さい時からの寂しさ、怒り、見捨てられることの不安から人にしがみついて、自分のためにではなく、人に受け入れられるために生きていたこと。それがどれほど歪んでいることを生み出しているのかを見つめなくてはならなくなりました。

朝子さんは逃げ出すことなく、日々神さまにうめきながらその時を過ごしていかれました。そのような時間が一年も過ぎたころでしょうか。愛子さんが次第に落ち着きだし、調子が良い時は「おかあさんもういいよ！」との言葉を出してくれるようになりました。もちろん波がありますので、良いと思ったらまたもとに戻り、奈落の底に落ちることもたびたびでした。

愛子さんの中にも大きな変化が現れ始めました。引きこもりのような状態から外の世界につれ出してくれる友達も現れ、愛子さん自身がこのままではいけないと思い始めました。そのような繰り返しの中で、薄皮をはがすように、回復していきました。

廣瀬先生も「育てなおしをするには、長い時間と労力が必要だ」と話しておられました。朝子さんも忍耐して、愛子さんの成長を待ちました。

(5)「回復したい！」

数年がたち、愛子さんはかねてよりの友人と結婚をすることになりました。若い年齢ではありましたが、本人たちの要望により、両家の祝福を受けて結婚式を執り行うことができました。これで親としての一つの大きな責任を果たすことができたと本当に安堵しました。このことをきっかけとして朝子さんは自分自身の共依存からの回復を切に望みました。

ご主人に支配され、しがみついた生き方から解放され、一人の人間として回復したいと願い、共依存関係ではなく、ご主人との本当の良い関係を望んで、一時別居することを希望しました。実行するためには時間と前準備が必要でした。

ご主人に初めて長い、長い手紙を書きました。今までのこと、愛子さんのこと、そしてこれからの二人のこと。今まで言えなかった事がら、また赦しと回復を伝える手紙でした。朝子さんにとってはとても辛い決断でした。読んでもらえないこと、怒りを受けることに恐れもありましたが、結婚してから今まで言えなかったことも伝えることができました。一緒に生活をしていると相手に振り回されて自分自身を確立することができないと判断をして、別居の申し入れをしました。たぶんご主人も戸惑われたことでしょう。でも拍子ぬけするほど、すんなりと認めてくれて、別居に踏み切りました。

初めて、自分のために大きな買いものである家を買い、一人でご飯を食べ、一人で仕事に行く。当たり前のことですが、朝子さんにとっては孤独との闘いでもありました。そして孤独の中で神さまと共にある幸いを味わいたいと願いました。

「先生！　わかってもらえるかわからないけど、本当に孤独は恐ろしいです。毎日寂しくて、寂しくて、まるで砂漠の中に頭を突っ込んで、うめいて、うめいて……。それでも寂しさはなくならない。でもこれを通らなければならない」と話されていました。誰かのせいにするのではなく、自分と神さまの関係の中で回復していきたい、と切に祈っておられました。

ここに朝子さんが書かれた文章がありますので引用いたします。

(6)「12ステップの恵み」 朝子

最初、私はこの12ステップを良く理解できないままに参加しました。もう救われている確信があり、罪の告白は神の御前に祈りをもって行い、聖書のみことばに平安と喜びもいただいていると確信していましたので、今過去を振り返る必要はなく、主を見上げて歩む事に反するのではと思っていました。

勧められるままに始めたステップが2サイクルを過ぎたころ、やっと自分が無力な者であることを心開いて見つめることができました。

そして知ったことは、いかに自分が不完全で、心の傷がまだ処理されていないままで信仰生活をしていたかということ。その心の傷は私の霊的成長を無意識に阻害していたことでした。

12ステップは私の心の旅となりました。イエスさまと心の中の傷ついているところまで近づいていったのです。

過去の思い出したくない傷を見ることになりました。とても辛い作業でした。いつもこんなことまで思いださなくてもという思いと戦いました。けれどその傷が私を生きにくくさせ、消極的にさせていることを私が一番知っていました。

私はクリスチャンとして生活していながら、いつも何かに遠慮しながら、そして、おこりっぽく、心の中ではっきり自分の感情と向き合えない自分をごまかしていました。

そのことを認識したとき、私の心の傷をすべて知っていてくださったキリストがその傷に御手を添えてくださいました。「この傷のためにも私は十字架にかかったんだよ」と言ってくださったのです。(中略)

この12ステップで自分の感情を知り、自分を大切に、自分を愛することを知りました。何よりも神さまがどんなに私を愛してくださっているかを知りました。これからもステップを続けていき、豊かな命を得るために歩ませていただきたいと思っています。

そしてイエスさまの生き方に近づきたいのです、弱い人のために働き、敵をも愛された姿は、イエスさまが私たちに求めておられる姿だと知りました。

決して楽ではないけれど、その中で、ご主人ともまた新しい関わりが生まれてきました。おびえて生きるのではなく、自分を大事にして生きてもよいのだと実感する日々でした。そのような生活が安定してきた頃、病を発症しました。

(7) 朝子さんが待ち望んだこと

看護師としての職場での健診。ちょっと気になる所見があってどうしようかと、同僚のドクターに相談し、次の健診まで様子を見ることにしました。今から思うとその時しっかり再検査をしていれば……。そばで見ていた私自身も思うことはたくさんあります。思い出しても悔しい思いです。

しかし次の3か月後の健診の時それはすでに手遅れの状態になってしまいました。胆のう癌。末期の状態で見つかりました。50歳の若さは、驚くほどのスピードでの進行でした。すでに何もできない状態でした。

取り組んできた家族の回復の取り組みはまだまだ途上ではありましたが、家族の暖かいふれあいの中で看護は進められていきました。教会の婦人たちも朝子さんの看護に力を貸してくださいました。できる限りの治療が懸命になされました。たくさんの祈りも積み上げられました。「いやしの賜物」が私の「この手」にないことを、心の底から嘆き、あれほど祈ったことは初めてでした。何もできない無力さをいやというほど味わいました。

朝子さんは長年愛読して多くの慰めをいただいていた精神科医の工藤先生のご本のお話を、度々私に話してくださっていたので、工藤先生にお会いした時にお話ししたところ、わざわざ大阪から遠く横浜の病院までお見舞いに来てくださいました。朝子さんはもう起き上がる体力もあまり残っていませんでしたが、顔が輝き、生まれ育った東北のお話しで盛り上がり、こんな幸せなことが起きることが奇跡だと本当に喜んでおられました。

「夢のようだ」

「信じられない」

「私のようなもののためにお見舞いに来てくださるなんて、こんなことが私の人生に起こることがあるなんて信じられない」。短いお交わりではありましたが、病院の中での至福の時間を過ごすことができました。朝子さんは、「世界中の人が私のいやしのために祈ってくれている。家族も暖かく支えてくれている。今一番幸せかもしれない。もう少し命が与えられるとしたら、これからの若い人たちのために、私と同じような道を通らないためにもステップをしていけたら嬉しいな。でも時間がないかもしれない」と話されました。

少し状態が落ち着き、一時退院まで回復したので、礼拝に出たいと願われました。日本舞踊が好きで、師範の腕前でした。アメージンググレースの讃美で、礼拝の中で踊りたいと準備をしていました。

練習の時、「御国につく朝　いよよ　高く」と讃美に合わせて天国を目指して《見得を切った》彼女の美しい姿は脳裡に焼き付いています。しかし、土曜日の夜容体が急変、発熱もあり、再度入院になりました。教会の皆様と共に踊りを見るができなかったことが本当に残念でなりません。

お見舞いに行ったとき、二人で涙を流し抱き合い、「朝子さんと出会えたこと。また朝子さんが神さまと出会い、また神さまと共に歩まれたことを本当に素晴らしいと思います。朝子さんを心の底から誇りに思います。「一緒に歩ませてくれてありがとう」と伝え、お別れをしました。彼女とお話ができたのはこれが最期でした。

お葬儀は彼女の希望どおりキリスト教式で行うことができました。彼女の大好きだった讃美で見送りました。

お葬儀は教会の働きの中でいつも緊張し、また神経を使うものです。特に親族にキリスト教に反対する方がおられる時は、いつも以上の緊張を強いられます。朝子さんのお葬儀では無事に終わるまでは、とても緊張し、自分自身の悲しみに蓋をして過ごしました。

葬儀がすべて終わってから、私は体の半分を失ったような感じを受け、世界が色を失いました。何を見てもすべてがグレーで、感じることの起伏がなくなりました。

このままではいけないなと思いましたが、自分ではどうすることもできず。回復にはかなりの時間が必要でした。一緒に歩んだ歩みそのものがとても大切な贈り物でありましたが、朝子さんとの別れは私自身の大きな喪失でもありました。

工藤先生のコメント

〈朝子さんの思い出／働き人のケアの必要性〉

〝看護〟の世界に、燃え尽きという概念が登場したのは1970年代ではなかったかと思う。

私はその当時、やがて日本でホスピス医療を始めることになる淀川キリスト病院で働いていたのだが、大阪日赤病院の教育師長である友人と、業者の主催するセミナーに講師として参加した。

今思うと朝子さんもナースとして身を粉にして働き、ケアを受けることがない働き人だったのではないかということである。当時の看護はナイチンゲール精神を生きる《赤十字》の精神であったためケアする人のケアなど入り込む余地のない働き方だったに違いない。

私は松下さんから、「末期のナース」がいると聞き、その方が東北出身と聞いて、病院まで出かけたのだが、その生涯は〝ガンバリズム〟の一生であったと思われる。

もっと早くケアを受けることができたならと思わされたことである。

私が朝子さんから聞いた言葉がある。「人生の最後に、まさか本でしか知らなかった同郷の先生にお会いできるなんて夢のよう！」と。

最期の看取りの時、神は良き備えをしてくれたことと思う。

対人援助に携わる人々のためには、医者であれ、ナースであれ、牧師、牧師夫人であっても自分の手当が必要不可欠である。このことにおいて信仰の12ステップは教会の中で用いられ、ケアする必要のある牧師・牧師夫人たちにとっての有効な方法として用いられることを期待する。

3章　うつ病からの回復

高志さん

（1）出会い

高志さんの事は、実はあまり詳しいことは知らないのです。ある日突然、事務局にご連絡が入り、夏に開いている2泊3日の短期講座に参加したいとお申込みがありました。

小さな老人病院で医師をしていること、短い休みがとれたので、是非参加したい。ずいぶん前に12ステップを廣瀬先生から受けていて、とても助けられ「そのことの振り返り、感謝を表したい」とのお申し出でした。

修道院をお借りして開かれる12ステップの短期講座は、日本各地から、年齢も、性別も別々。背景もあまりわからないままグループを組みます（もちろん申し込みの時にはいろいろとお伺いしますけれど、初めてお会いする方も多いのです）。

小柄な老紳士といった印象の高志さんは、廣瀬先生と取り組まれた12ステップはもう10数年以上前の話になるのだとお話くださいました。

医者としてプライドを持ち、お仕事をしておられたこと。またクリスチャンとして、教会でも長老として責任を持ち過ごしておられたことをお話されました。仕事と教会の姿と、家庭の姿には乖離《かいり》があったようです。自分自身の中の弱さを認めることができない葛藤があり、人の前では良いドクターとして働かなくてはならない。過酷な仕事と自分を覆い隠す緊張が長く続いた中での働き盛りに突然襲ったご自身のうつ病。この病との激しい戦いを、ゆっくりと話してくださいました。

(2) 罪を認め変革を求める

「男としての《むなしいプライド》のために、自分の本当の姿を見ることができずに歩んできた。人に良い人間と見てほしい、だから誰よりも仕事に打ち込み、自分の弱さを見ないことにして、妻に当たり、子どもを顧みることなく、ただただ、働くことを追い求め、倒れて動けなくなるまで、追い詰めた生き方をしていた。世の中ではそれが当たり前のように求められたし、またそんなことはたいしたことではないと思って生きてきた」と話すお顔は穏やかでした。

「自分自身の身勝手さ、また弱い自己の姿を本当に認めることができず、医師としてのプライド、空っぽな自己の姿を認めないようにして働くことでその穴を埋めようとしていたのかもしれない。教会では長老としての役割を与えられたけれど、信仰深くあるようにふるまうことにも限界を感じ、何かがうまくできなくなるような感覚がでてきて、うつが発症したのだろうか」とお話くださいました。

「うつに入る前はそんなことも気に留めないようにして、ひたすら邁進していたのかも知れない。体のほうが先にこれ以上は無理と信号を出してくれたのだろうか？　倒れて、これ以上頑張ったら危ないと察知し、仕事をやめた。やめたらやめたで、もっと辛くなっていった」と長い苦しみを吐露してくださいました。

そのような中で12ステップに取り組み、歪んだ自己の姿をみつめ再構築していくことは、七転八倒の苦しみだったと話してくださいました。

幼いときから優秀だと言われ、プライドが高く、母親に甘えたい気持ちが人一倍あったにもかかわらず、強がって人に助けを求めることができない自己の姿。そしてプライドだけで、自分自身の中にはなにもない空っぽな姿を棚卸ししながら、一人では絶対に認めることのできない己の弱さを認める。みじめな自分こそが本当の姿であることを受け入れ、妻にあやまり、子どもたちに赦しを願い、また神さまと和解していかれる姿はとても素晴らしいなと思わされました。後ほどいただいた高志さんからのお手紙の中の一文を引用します。

「廣瀬先生は、リトリートに参加したときに、約一時間を私と個人的な語り合いのために時間を取ってくださり、静かに私の言うことに耳を傾けてくださったのです。それだけでも相当の忍耐と寛容が必要だったことでしょう。

そのうえで、『ここまで乗り越えてこられたのだから、これからどんなことが起こっても必ず乗り越えられるでしょう。現在の状況は過去の自分というものから目を離して、遠い地平線を見て、そこに自分を置くこと、ステップ12にあるように、〈あれかこれかではなく、あれもこれもという態度〉で現実を見ていくことですね』と語ってくださいました。それから『ディアコニアの働きであちこち飛び回って、家でゆっくりと過ごしたり、妻や子どもたちと心のなかのゆとりをもって対話することのなかった自分を思い知らされました。何人もの人を相手にカウンセリングをしている自分が、一番身近にいる妻と本当に心が通い合っていなければ、真の平安がないし、それでは本当の意味でクライエントの助けになり得ない』と話してくださったことは、たった一度の面談を通して、実に多くの示唆と助けをいただき、勇気と力をいただくことができたのです」。

12ステップは自分の醜い姿を、「見つめる力」が必要になります。人に言われたら怒りがわいて出てくることでしょう。でも神さまの前で、静かに過去と向き合い、謝るべき相手のリストアップをして、謝ることを行動する。なんと大変な作業でしょうか。

ステップ5からは、一番乗り越えにくいプロセスになっていきます。

女性の方は割とこのような事柄を受け入れ静かにグループに参加されますが、男性の方はなかなか話すことも苦手、自分の弱さを受け入れ、そのことを話すことはプライドとの闘いでしょう。

高志さんとは一回限りのステップで、たくさんの分かち合いを聞くことはできなかったことを今とても残念に思います。お話を聞く中で、ステップの回復のプロセスを医者として、しっかりと取り組んでおられたことがよくわかりました。逃げることなく取り組み、あまりにも歪んでいたご自分の姿を見せてくださいました。そのような姿には感動を覚えました。

後年、高志さんが召天されたことを奥様からお知らせいただきました。そのお知らせを聞いて、本当に残念に思いました。老年を迎えられて、またご自身の歩みがそれほど長くないことをわかっておられて、ご自身の生き方を贈り物としてあとから続く者たちに教えに来てくださった、本当に貴重な一回だったのだと思いました。

うつ病は、怒りのエネルギーであるとも言われますが、ご自身に向けられた怒り、そのことを受け入れられない痛み、その姿と取り組みをまとめて書いてくださったら、うつ病で苦しんでおられる方々にどれほどの助けになったであろうかと思わされました。

(3)「男の本音——12ステップと私」　高志さんのあかしより

教会の牧師の勧めで12ステップに参加するようになって5年がたつ、当時過緊張からくるストレスのために、体にかなりの変調が現れていた。

そして、12ステップの1サイクルが終わった頃、もうこれ以上頑張ったらあぶないと思い、その後のあての無いまま、仕事を退職することにした。

案の定、それからしばらくして、長年蓄積していた疲労から体がほとんど動かなくなってしまった。聖日礼拝と12ステップは何とか守り、後は寝ているだけの生活であった。

それまで私は日本人としてビットナー先生のテキストにどうもなじめない部分があったが、次第に違和感なく受け入れることができるようになってきた。そして今まで隠されていた幼いころの「もっと母親に甘えたかった」という自分の本音が次第にクリヤーになり、12ステップの中でそれを表現することができるようになった。

それに伴い内面のエネルギーも回復しつつある今日この頃である。現代の中で、今必要とされているものの一つは男が本音を出せる場所ではないだろうか？ 40代、50代の男性の自殺が大きな社会問題になっていることからも、そのような場所は極めて少ないと考えられる。

父権の喪失ということが良く言われるが、そもそも父権とは何なのだろうか。この混迷の時代をとおして、私たちは本当の父権のあるところ、すなわち聖書の「父なる神」のもとへと徐々に導かれているような気がする。

（4）弱さを出すことができる教会へ

教会は信仰を持つまでは、いろいろなことが赦され、受け入れられ、信仰告白までたくさんの話を聞いてもらえます。

洗礼を受けた途端、「おめでとう。あかししましょう。さあ伝道しましょう」と促され奉仕の生活に入っていくのを奨励されます。

洗礼を受け、新しく生まれることができたけれど、今までの古い生き方を体は覚えていて、キリストにある新しい生き方を選び取り、ゆたかな命をいただく生き方が生活に反映していくようにするのは難しいことだと思います。

私たちの本来の生き方から、キリストにある生き方に変えていくプロセスには価値観や考えを変えていく必要があります。このようなプログラムを、信仰を持った時に取り組んでほしいと願っています。信仰の12ステップに取り組まれた方々の多くが、「信仰を持った時にこのプログラムに出会っていたら、その後の信仰生活は全く違ったものになったような気がする」と話してくれます。

(5)「奉仕の中にキリストはいない」

「奉仕の中にキリストはいない」とはステップのテキストに書かれている衝撃的な言葉です。信仰を持った喜びは確かに存在して、その喜びは何物にも代えがたいものです。でもその喜びだけでは、キリストの生き方に背伸びをしても息切れをおこし、自分の情けない姿に打ちひしがれる。それは私の姿でもあります。

教会の交わりは本音を語ることははばかられ、自分の醜い姿を語るよりも、牧師や周りの人に喜ばれるような言動をしていくようになる。そして多くの奉仕に駆り出されていく。喜んでいても肉体は弱いのです。新しい生き方を与えられたはずのクリスチャンが、また良い人の仮面を教会の中でかぶって、良き姿のみを見せていくようになるのではないでしょうか。

弱さを打ち明け合い、祈りあい、それぞれの成長を喜び合う、それがプロテスタント教会の素晴らしい姿であるはずなのに、いつの間にか、さばきあいや、律法的に生きることへと強いられていくのでしょうか。誰がレールを敷いていくのか、だれも何も言わないけれど、なんとなく、空気を読んでそのように生きることを選び取っていくのか……。日本人特有の同調圧力なのでしょうか。

教会のなかにこそ、12ステップの分かち合いができるようにと願います。

高志さんのあかしは、特に男性は、「プライドという重たい衣」を脱いで、一人の弱い人間として神の前に立つことの大切さを教えてくれます。

男性グループがたくさんできたらと願っていますが、時間と余裕がない人々には難しいのかもしれません。日本は本当に忙しい。そして教会も忙しい。神さまに近づくことよりも、「力があること」「目に見えるもの」「富と物質」を追い求めるこの世の価値観が教会にも大きく存在しています。

　そしてこの世の力はますます強大になり、人々は利便さと、少しでも得をすることに目の色を変えて過ごしていることに歯止めはかからないでしょう。そのような価値観に心も体もむしばまれていることに気がつき、方向を変えて進むことを切に祈りたいと願います。

4章　全身から怒りを出している　明日香さん

（1）ひたすら食べる

バタバタと大きな音が聞こえ、古い修道院の中に響きわたります。夏の終わりの暑さがまだひかない頃、短期集中講座に明日香さんが駆け込んできました。テーブルに着くなり、「お昼食べてないから、食べるね」と言って黙々と食べています。本当にいちもくさんに駆け込んできたんだと思える様子と、疲れが顔と体にみえて、夏の教会の行事を精力的にこなしてきたのだなと思わされました。

食事が終わってミーティングが一つ終了するとお茶の時間。置いてあったお菓子の缶を抱えて、バリバリとまた食べ出します。その食欲に驚きながら、全身から醸し出している怒りのエネルギー[注1]に、話しかけることも少しはばかられて、遠くから見守っているような感じでした。

明日香さんとの出会いは少し前、工藤信夫先生の「良書を読む会」でした。どなたの紹介だったかははっきりと覚えていないのですが、若い伝道師として教会に仕え、バイトと掛け持ちで教会の働きをしていると聞かされていました。会の終了後、近くのカフェで相談を受けました。

かなり大きな教会で、バイトをしながら、教会のスタッフとして働いていたようです。人数が多ければ、それだけ問題も多くなり、中で起きた問題に悩んで、解決の糸口を探して読書会そして、12ステップにたどり着いた様子でした。

12ステップには若い人が参加することは少なく、貴重な参加者でした。

ただ口が重く、なかなかステップの話は進まず、他の参加者も少し遠慮して、なかなか交流も進まない様子でした。「楽しくないのかな」「なんでそんなに怒りを表に出しているのかな」

自分を開くこともなかなか進まない様子に、何を期待してきているのかわからず、そして触れてはいけない雰囲気に、メンバーもゆっくり見守っていました。

注1　怒りのエネルギー　怒りのエネルギーは取り扱いが難しいことがありますが、怒りそれ自体は悪いものではありません。私たちにいろいろなことを教えてくれる感情にもなります。

（2）誠実に伝道師の務めを果たす

とつとつと話してくれる話をつなぎ合わせると、過酷な仕事をこなしている様子が透けて見えてきました。

教会の中に起こった様々なトラブルで、どのように対処していけばよいかわからない状態。またそのことに端を発してその周りの人々への対応などもあり、心も体も疲弊している燃え尽き寸前の様子が見て取れました。

思いをもって歩んできたけれども、これからどこに行くのか行先が分からなくなっていることを話してくれるようになりました。「教会ではとっても良く働く伝道師なんだろうな。うちの教会にも来てもらいたいくらい」と思いながら話を聞いていました。

きれい好きで几帳面。修道院では食事は提供してくれるけれど、後片付けは自分たちでするので、てきぱきと片付けてくださる、とても頼りになる存在でした。

自由時間にはコラージュ[注2]の制作をすることが多いのですが、彼女のコラージュは内容もそうですが、絵としても完成されている、素敵なコラージュ作品でした。感性が鋭く、研ぎ澄まされている人だなあと思わされました。優秀な姿とは別に、湧き上がる怒りのエネルギーは相変わらずでした。周りにいるだけで圧倒され声をかけるのもはばかられるような雰囲気でした。

短期集中講座では3グループほどに分かれることが多いので、グループが違うとほとんど話を聞けません。ですから、そのままの関係が続いていました。

「来年は来るかな?」その翌年もまた次の年も、通って来てくれる。でもなかなか自分の心を開いて話してくれない。楽しいのだろうか。楽しくないことに時間とお金を使っているはずはないから……。

こんなに自分の心を開くのに時間がかかる人も珍しいなと思いながら、続けて来てくれているのだから、きっと彼女にとっては必要を覚えて参加してくれていたのだろうと思うことにしました。「ステップに来ることができると思うので、眠る時間も削るような、ハードスケジュールもこなせる」とつぶやいてくれた彼女が、自分の心を開いてくれる「時」を待つことにしました。

注2　「コラージュ」とは雑誌等から、自分が好きな写真を何枚か切り抜いて、用紙に張り付ける描画方法。フランス語で《糊付け》という意味。藤掛明著『コラージュ入門』一麦出版社

（3）「どんなに考えてもやっぱりかわいそうな子だった」

ステップ7　私たちは至らない点をすべて変革してくださるように、キリストに謙虚に

求める。

何回目のステップだったでしょうか？

グループも同じ。今回はどうかなあ、と思っていたら、ぽつぽつとようやく自分の子ども時代の話をしてくれるようになりました。高校生の時に両親が離婚。大きな家に明日香と妹を置いて、母も別居。高校生時代は自分のことをすべて自分でこなし、妹の面倒も見て、高校も終えることができました。

「親に負けたくない」「自分は不幸ではない」と言い聞かせて、強がって生きてきました。

また大人に対しての怒りをエネルギーに変えて、自分自身をコントロールし、精一杯生きてきたのではないかと推察しました。

母にも頼らず（頼ることができないという表現の方が当てはまる）、まして自分たちを捨てていった父には二度と会わないと誓い、連絡も取ることはありませんでした。数年後、

父親が亡くなったと風の便りに聞きました。お葬式にも、お墓参りも行きませんでした。涙も出ない。その後いろいろ道に迷いながらも、25歳近くでキリストに出会う。かなり壮絶な青春時代だったのでしょう。もしキリストに出会わなかったらどうなっていたのだろうと、話を聞いていて胸が痛みました。

献身して働きながら神学校に通い。困難ななかでも、希望を見出だし、伝道師として働き始めました。

そのようなとき、教会の大きな問題とぶつかって、混乱と怒りが彼女を支配していくようになったようでした。

ただでさえ、大人を信じることが難しく、また将来に希望もあまり持っていなかったと話してくれました。「自分は幸せにはなれない。なれるはずがない」。

「問題が起こったとき、人も神さまも信じることが恐ろしくなった」と言い、人と距離をとり、理不尽なことに対して激しい怒りがわき出て抑えることが難しかったのでしょう。人が冷静に怒りをたぎらしている時は、大きなエネルギーに圧倒されます。簡単な言葉や、慰めはなんの役にも立たないと思いました。

グループの中の分かち合いで自分の弱さを打ち明け合い、また語り合うことで、「成功しなくても大丈夫。弱さがあっても大丈夫」参加している他のメンバーの姿に、「こんな風に大人になることができるんだ」と少し希望がみえてくるような時が与えられるようになっていきました。

「何よりも、誰よりも、強がって生きてきた。決して強くないけれど、強く見せることでしか自分を保てない。いつも正しくあることにしがみついて生きてきた」自分を受け入れようと思えるようになりました。

ステップの途中で彼女がぽつり。

「どう考えてもかわいそうな子どもだった」

子ども時代のかわいそうな自分を抱きしめてあげたいと願うようになっていきました。はらはらと涙を流す彼女がとても美しいなと思わされました。

過去の自分との和解。そして自分が選んだのではない、負わされた運命を受け入れ、神と和解した時だったと思えました。神を信じ、人を信じることを回復し、また自分自身を信頼することを回復していった瞬間でした。

（4）「心がざわつく」　明日香

回復しつつある中でかかれた明日香さんのあかし。

心がざわつく。イエスさまから新しい生き方を与えられてから久しぶりのフラッシュバックに苛まれてる。重い感情が心にのしかかる。感情だけ。死にたい気持ち、自分なんていない方がいいって考え、不安な気持ち、半端じゃない孤独感。私という存在は誰にとっても取るに足らないんだって感覚。これは多分、私がこれまで向かいあってこなかったものだと思う。

思い出した。こんな感情をずっと抱えながら生きてきた。そんなことを話しても、昔寄り添ってくれる人はいなかった。甘えたいのに甘えることは許されなかった。

「あなたはしっかりしてるから」

「何が大丈夫だ！」私の「助けて」は誰の耳にも心にも届かない。だから私は透明な存在だと思ってきた。私は、能力は求められるけど、私がいること、何に傷ついて、何に苦しむのか、何に喜びを感じて、どんな生き方をしているのかってことは求められない。

私がいることを喜ぶ人はいない。多分、いなくなっても誰も悲しまないだろう。私は透明な存在だ。いたこと、いなくなったこと、誰も気には留めない。
泣く私の存在は許されない。そんな感情も戻ってきている。昔、生きぬくために使っていた死んだ生き方。
誰からも愛されていないと思っていたけど、神さまは私を愛している。イエスさまが色んな人の横に座ったように、私もそう生きたい。

「まあ！　こんなに笑うことができる若者だったんだ」と怒りから笑顔が見えるように変えられていった。こんなに美人だったのと、つくづく見入るほどでした。きっとこれからも回復していかれることでしょう。若者が変えられていくとき、大きな変化が見えることは本当にうれしい。希望が満ち溢れる。

数年後、あれほど「幸せにはなれない」「人を信じられない」と語っていた明日香さんが、信頼できる素敵な人と出会い結婚されたことは、大きな驚きでした。

5章　クリスチャン3代目としての悲しみ

順一さん

(1) 出会い

順一さんとはクリスチャンキャンプ場で同じワーカーとして出会いました。とても真面目で、誠実な印象の青年でした。20代初めぐらいだったでしょうか。周りの10代の若いワーカーたちと少し距離をとって過ごしていました。コーヒーを入れることが上手で、時々ワーカーのためにエスプレッソコーヒーを入れてくれていました。残念ながら、私は眠れなくなるので、夜のエスプレッソコーヒーは飲めませんでした。

キャンプ場では、ワーカーは夜、分かち合いをし、祈り会うことが日課になっています。一緒にお祈りをしたときに、クリスチャンの3代目、家族から祈られ育ったこと、またその中で牧師になることを望まれているけれど、嫌とは言えず、とても今悩んでいることを話してくれました。悲しそうな目と、寂しそうな雰囲気がとても心配でした。でもその時はそれだけの交わりでした。あるきっかけがあり、10数年後、12ステップで再会しました。

(2) 熱心な教会

彼が語ってくれたことをまとめると、とても熱心な教会の長老の息子として厳格に育てられ、また将来を嘱望され、期待されていたようです。教会での生活も家族全員で日曜日は礼拝に遠くから出かけ、一日中教会で過ごし、遅くに帰宅。自分の部活動も制限され、好きなことはあまりできない高校生活であったようです。

小学校の時に、教会学校の夏のキャンプに参加し、あまりよくわからないままに信仰告白し、そのまま洗礼を受けました。神様に愛されているというよりも、信じないでいると地獄に落ちる話を聞き、とても怖くなり、言われるままに信仰告白をし、それが当たり前だと思い込んでいたと話していました。

考えるというよりも服従することを求められていたと幼いころのことを話してくれました。

反抗らしい、反抗はした記憶はなく、勧められた神学校ではなく他の勉強のためにアメリカに留学したことは唯一の反抗だったのでしょうか。

そこで初めて母教会とは違う教会生活をすることに自由を感じたといいます。今までとはまったく違う教会に驚き、このまま、明確に信じている確信もないのに、教会に通っていてもよいのかと、さらに悩みの中に入っていったということでした。

このまま悩んでいてもいけない、決着をつけなければならない。はっきりとした態度をとらなくてはならないと思いました。

「小さい時から教え込まれたことが本当は間違っている。聖書は間違っていることをしっかりと論破できるようにして、そのことをしっかりと伝えて教会を去る」悩みの中でこのことを決意しました。

親から離れて、自分の頭で考え、行動することが許されて、聖書の間違いを探そうと思ったということでした。

「論破するための学びをするために、神学校に行くことにした」と懐かしそうに話されたことはとても印象的でした。

(3) 初めて知った聖書の神

「神学校での学びは新鮮でした。初めて自分で聖書を読んだと実感しました。自分が今まで牧師や教会学校の先生方から、熱心に教えられてきたことは、聖書の一部分であり、聖書全体では裁きの神ではなく、愛の神であり、赦しの神であることを、聖書から学んで初めて知ることになりました」と語られました。

「自分がおかしいのではなく、教会がおかしい。こんな恐ろしいことを考えてもよいのだろうか」と思いました。教会生活も、自由と喜びがあることを初めて経験していきました。日本ではなく、アメリカということもあったかもしれませんが、信仰をすることが喜び、そして解放なのだと初めて思えました。喜んで過ごしているクリスチャンの友達とも出会えました。そんな友達が『キリストは僕の友達だ』と言えることがとてもうらやましいと思えました。

神学校を卒業する時には、「日本に戻り、神学校で学んだ大切なこのことを若い人に伝えなければならない」と思い、教会に戻って行くことになりました。

帰国して、教会の幼馴染の女性と結婚。

母教会の伝道師になるべく、母教会に行くこと以外の選択肢があることにも気づかず、求められるまま伝道師として、主任牧師に仕えるようになりました。

あわただしい生活に追われ、日々の忙しさの中に組み込まれていきました。母教会の姿は短期間で変化はなく、また否応なく子ども時代の束縛の生活へと戻っていくことになりました。

牧師の交代やら、また様々な事柄に巻きこまれて、なかなか自分の思うようにできない数年を送ることになってしまいました。そのような中で、伴侶が心の病になり、クリスチャンのドクターに勧められ、12ステップにつながるようになりました。自分の求めというよりも伴侶のために、何とかしなくてはという切羽詰まった思いからの取り組みでありました。

(4) 束縛された子ども時代

ステップ4の中で、過去の棚卸しをすることで、改めて自分の子ども時代を振り返るときが与えられました。教会でも、家でも、いつも叱られ、またいうことを聞かないと「むちを控える者は自分の子を憎む者。子を愛する者は努めてこれを懲らしめる。」(箴言13・24)との聖書の言葉から、牧師からも親以外の教会員にも、棒でたたかれることがたくさんありました。その時は「自分が悪いから叩かれるのだ」と思っていました。教会の大人たちは、人に対して厳しく、また怒鳴りあっている大人たちの姿が教会であり、いつ自分に暴言が降りかかってくるかわからず、びくびくした子ども時代であったことを思い出しました。自分の好きなこともあきらめ、いつも親の期待と教会の期待に添うように道が備えられていたようだったと改めて思い出していきました。

「今振り返ると立派な暴力だったと思います」と語られました。

神さまは愛の神ではなく、いつも怒っている怖い神さまであり、毎日、死が怖かった子ども時代でした。聖書の神さまのことを頭では理解し良くなったと思っていたけれど、実は今も同じような世界に住んでいることを再確認しました。そのことをステップの中で話すとき、怖さが湧き上がってきて、その気持ちを納めることが難しく、こんなに自分を苦しめていたことを改めて思わされました。そして伴侶もまた同じ教会で過ごし、教会員の子どもとして成長し、病気という姿であらわすことしかできないでいることがわかってくるようになりました。

(5) 愛する伴侶のために。まだまだ回復の途上

「自分自身のいやしのためだけでなく、伴侶の回復を望んでいるけれど、本人が自分自身と向き合い、回復していかなくてはならない」と語られました。

「妻とは同じ教会で過ごし、また同じように、束縛された子ども時代を過ごしていたことは同じであるけれど、受け取り方、また感じ方がちがうので、同じように扱うこともできない。女性と男性の違いも大きい。役割も違う。また外に現れてくる症状も、また困っ

た行動も違うので、今はお互いのいやしのために、なるべく会話ができるように努めることと、分かち合いができるように、時間を使うように考えて行動するように心がけている」と語ってくださいました。

その思いは必ず導かれ、回復していかれることを信じて、祈り待ち望みたいと、私も同じ希望を持って見守っています。

順一さんは現在も牧師の働きをしておられますが、「今でも、教会に足を踏み入れると、恐怖に襲われることがある」と言います。そのような中で、「メッセージを語ることも毎週、辛いことのほうが多い。目をあげて教会員を見てみると、同じように、恐れから支配されてきた信徒の方々がおられる。自分はどんなメッセージをしたらよいのかと、今、生き方を模索している日々である。こんな者が牧師であっていいのだろうか？　キリストのいやしを語る牧師になりたいと願うけれど、まだまだ先のことになりそうだ」と話してくれている。「回復の途上です」と、笑顔も見られるようにすこしずつであるけれど変えられてきていることは嬉しい。

順一さんのあかし

「恐ろしさからの解放」　順一

ステップで話すとき、まず恐怖が自分の心のなかから湧き上がってくることに驚いた。自分の意見を言ってよいのだろうか。何かを話そうとすると叱られないだろうか、他の人は受け止めてくれるのだろうか。子ども時代の棚卸しをするときに、改めて子ども時代に自分の恐ろしさを聞いてくれる大人は一人もいなかったことを思い出した。子ども時代の自分が自分に改めて大人に何をしてほしかったのか自分自身に聞いてみると、「叱らないで、自分の話を聞いてほしい。」

朝起きるとき、地獄に落ちていないことにほっとして目が覚めて、とても眠りから疲れて起きたこと。そんな話は親に絶対にできなかった。また親を悲しませることもできなかった。教会の大人たちは自分たちの話に忙しくて、子どもの話に耳を傾ける余裕はなかった。「あー！　だから今でも、教会の中に入るとき、まだどきどきするんだ」

牧師にもなっていながら、この感情はまだ引きずっている。こんな自分が教会で説教をしてよいのだろうか？

ステップでただただ話を聞いてもらう時、涙がでてくる。我ながら驚きだ。「そうそう、私はいいか、悪いかではなく、ただただ聞いてほしかった」そして妻もきっとそうなんだと思った。正しい道を教えるのではなく、受け止めてほしいのだろう。話を聞くことはとても難しい。つい自分が非難されているように感じる。でもそうではなく、ただただ無心で聞いていける人に成長したいと願う。キリストの耳として用いられるようになりたい。

（6）過去の自分からの解放のために

グループに参加すると、病などの苦しみを受けている子どもたちの中にはクリスチャンホームの子どもたちがたくさんいます。私も実はノンクリスチャンの家庭の子どもではなく、クリスチャンホームで育った子どもたちの相談を受けることが圧倒的に多いのです。

外から見ていると良いご両親、信仰深い家族の中で密かに病んでいる子どもたちに出会います。

明らかな機能不全の家族ならば、大きな声で自分の家族のことを言うことができます。でも立派なクリスチャンホームの子どもたちは、絶対に教会の中では親の姿を話し、反抗を見せることは許されません。このことが闇を深めていることを思います。完全な家族なんていうものは存在しないでしょう。

親も不完全な人間です。クリスチャンとして信仰をもったとしても、キリストに在る生き方で、子どもたちを教育している親たちを見ることは稀です。見本が存在しないからです。そして教会は子どもを育てることに関する教育、よりよい育て方を教えるために時間と労力を注いでこなかったのではないかと思うのです。信仰とはかけ離れた古い生き方で自分の内に湧き上がる感情で子どもを支配し、育てているのではないでしょうか。

育てている親たちもまたそのように育てられていたのだと思うのです。

クリスチャンホームの子どもたちのために、また子育てで悩む親たちのためにこそ聞く耳を持ったグループの存在が必要であることを思います。

6章　家族の絆を回復した貴美枝さんと尚紀さん

（1）出会い

貴美枝さんは、教会の牧師夫人に勧められて、ルーテル学院大学の付属機関、ＰＧＣ（パーソナル＆グロース）のカウンセリングコースを受講するようになりました。１９９５年当時はカウンセリングの学びが盛んにおこなわれていて、ＰＧＣはその当時たくさんの方々であふれておりました。私も同じ年同じ講座を受ける受講生として出会いました。約１００名が集められ、一週間に1日、様々なカウンセリングの技法、事例等を学びました。そのたくさんの人々の中でも、貴美枝さんはひときわ目立つ存在でした。彼女は部屋に入ってくるだけで、目立つ光がありました。40歳ぐらいの美しい婦人でした。

私は教会の様々な事柄に疲れていましたので、ここでは、あまり人と関わらないように、静かに受講しようと決めていました。

二年目はクラスの選抜が行われ、1クラス15名のほどのメンバーに絞られます。選抜クラスのメンバーはとても個性的な方々で刺激的でした。カウンセラーとしての訓練も始まりました。その中に貴美枝さんもいました。工藤信夫先生のクラスでは、病理の事、グループを作る時の様子を実践の中で学ばせていただきました。並行して学んでいた12ステップの学びで教えられたことを実際の中でどのように活用していくかを学んだように思います。

（2）「もうだめかもしれない」

貴美枝さんは不思議な感性を持っておられ、クラスの中でとてもユニークな発想からの発言をしてくれていました。そんな貴美枝さんも何か問題を抱えておられるようだとわかっていましたが、私は自分の問題だけで精一杯なので、とても他の人の相談などに乗るような、心の余裕もない状態でした。周りにいる先生方、精神科医もおられましたし、またカウンセリングを学びカウンセラーを目指している方々が何とかしてくださるだろうと傍観者でおりました。

ところがクラスが進んでいく中で、抱えておられる問題がどんどん悪い方向に進んでいくのが見えてきました。昼食時の何気ない会話の中で、「ねえ！　見て」と貴美枝さんは上着の袖をたくし上げました。白い腕にはたくさんの切り傷がつけられていました。リストカットの跡でした。

「どうしたの？」

「私もうダメかもしれない」彼女の叫びでした。

一人息子の尚紀君が中学二年生から不登校気味であり、親と口をきかずいつもイライラして家族にあたる。何とか入った高校は一週間でやめてしまい、昼夜逆転の生活をしている。今は怒りが募り、壁を叩き壊したり、食器を割ったり、父親の服をはさみで切ったりと、想像もしなかったことを我が子が毎晩しているとのことでした。そしてやむにやまれずご夫婦で家を出ていることを話してくれました。

ここに至るまでにはいろいろなところに「原因と解決の方法」を求めて相談に行きましたが、何もわからず、１９９４年に友人の紹介で生まれて初めて教会に行きました。

「すべて疲れた人、重荷を負っている人はわたしのもとに来なさい。わたしがあなたがたを休ませてあげます」（マタイ11・28）のみ言葉が門に掲げられていて、信じたら神さまが解決してくださると思い、１９９５年に受洗しました。信仰を持ったけれど改善の方向は見えず、さらに悪化する一方のように感じたのです。所属教会の牧師夫人に勧められて１９９６年からＰＧＣに参加。初めてそこでルーテルの先生方やたくさんのクリスチャンに出会ったのです。

誰にも話せなかった心の内を一緒に学ぶ私に話してくれました。自分が息子をおいて家を出てしまったこと。一日くらい家から離れて気持ちを切り替えようと思っていたのに、どうしても家に帰れず、結局近くにアパートを借りて別居生活をしていた時の話でした。子育てができない。子どもから逃げた母であると責め、リストカットをしたことを知ったのです。尚紀君が18歳、ご家族が一番苦しい時期でした。

大きな驚きがありましたが、わたしの電話番号を渡して「何かあったら連絡を頂戴。良かったらステップに来てください」と言って別れました。それからしばらく会わなかったのですが、ある日電話が入りました。「何も解決の方法が見いだせない、もう駄目だ」と語り、「12ステップに参加しますか？」「わかりました。行きます」短い電話でしたが、それから毎週夜、彼女は通ってきました。

(3)「私が悪かった」

毎週夜のステップの帰り道は暗く、寒さとともにさびしい気持ちが襲ってきました。

ゆっくりと時間をかみしめるようにステップに取り組んでおられました。もうそろそろ1クールが終わる帰り道、駅までの送り道「私が悪かったんだね。私が尚紀を追いつめていたんだね」としぼりだすように語っていきました。

離れて暮らしていても、毎日かかる尚紀君からの電話は必ず受けていました。12ステップを学んでからは、緊張感が薄らいできたそうです。「ステップの仲間に話を聞いてもらい、安心して話せる体験をしたから、息子が安心して話せるように接しようと思うようになった」と言っておられました。その成果は徐々に出てきました。

ステップに参加される方の多くは、1クール目は何をしているかわからないのが普通なのですが、いろいろな学びをしてきていた貴美枝さんには、いろいろなことがクロスワードパズルのピースをはめていくように一つずつ、導かれていったのかなと思わされました。

(4)「お母さん気が付いて!」

尚紀君はどんなに家の中で暴れても、お母さんに手を挙げることはありませんでした。その中に、「お母さん気が付いて!」と言っている彼の叫ぶ姿が見えてきました。家を出てきたことは決して悪いことではないこと。彼との新しい関係を築いていく決意へと、導かれていきました。彼が暴れていることも、必ず次の道が開かれることを神さまに委ねて信じていくことを待ち望むステップでした。まだまだトンネルの先の明かりも何も見えない暗闇の中を、「開けない夜はない」ことを信じて、ひたすら前に進んでいこうと思えたステップでした。

（5）自分の分を果たす

ステップが終了して、貴美枝さんは尚紀君との絆を作り直すために、ＰＧＣの先生から勧められた親業《おやぎょう》注1の講座を受講していくようになりました。失われた信頼関係をもう一度築き直していくためには遅すぎることはありませんでした。

それからの貴美枝さんは、一生懸命彼との会話を見直し、もう一度信頼してもらえるように、親業のスキルを使いながら、新しいコミュニケーションを作り出すことに取り組みました。

時には私に電話をかけてきて、「今日の夜、尚紀がご飯を食べにくる。会話をするけれどどこんな感じでいいかな？」と会話のシミュレーションの相談をしてくることもありました。

その当時は家に戻り、同じマンションの上と下に部屋を借り直して、関係の修復を取り組んでいたころです。尚紀君が時々家を訪ねて来ることがありました。関係の回復はまず、恨み言や怒りの電話からスタートでした。

何時間も彼のため息を聞きました。話が出てくると、ひたすら彼の話を聞くだけ。ちょっとでも返事をすると怒って切られる。昔は「ああだった、こうだった」という話を聞かされて、疲れ果てることもありました。親にとっては過ぎてしまったいろいろなことを責められる話はとても辛いものなのです。何度答えても、もう時間は戻らない。自分を責めて、謝っても、そのことでまた怒られる。

「謝ってほしいわけじゃない！」と怒られる。そのことの繰り返しでした。忍耐強く尚紀君の話を聞きました。

親子関係が壊れることは多くの出来事があり、それぞれの事柄があるように思います。でも回復のプロセスを踏むときは同じような経験を踏んでいくように思えます。少し先に行く経験を分かち合ってもらえたら、またその人の経験がまた、自分の経験になることを思わされます。

一緒に参加していた朝子さんの経験は、貴美枝さんにはとても貴重な話になったことでした。

〝電話から〟
〝玄関先に〟
〝玄関から居間に〟
〝お茶から〟
〝一緒にご飯を食べられるように〟

少しずつ距離を縮め、信頼を築き直していかれる二人の姿には、驚きを覚えました。ご主人も良く協力してくれて、良い親子関係が作りなおされてきていました。もうすぐ成人になろうとしている尚紀君。家の中で暴れ始めてから一年もたたない頃でした。

朝子さんの猛スピードでの回復にも、とてもドキドキしてみていましたが、貴美枝さんと尚紀君の関係の回復を喜ぶと同時に、あまりにも早い回復に、密かに怖れを抱いていました。

注1　親業訓練協会（oyagyo.or.jp）のホームページを参照

（6）「イエスさまの言われたとおりに」その頃書かれた貴美枝さんのあかし

息子との関係でどうしてよいのか途方にくれていた時に、ある牧師夫人より12ステップで学ぶことを勧められました。

12ステップに参加して初めて、自分が何をしていたのか、何を考えていたのかがはっきり示されたのです。親子関係を悪くしていたのは、私たち親だったのです。息子は傷つき、自信をなくし、気力をなくし、孤独でした。「自分の分を果たしていく」とはどういうことか、私が刈り取らなければならないものは何なのかと考えるようになりました。

「自分の分を果たす」ということが私の生きるテーマとなったのです。

そして出会ったのが『親業訓練』であり、現在はそのインストラクターとしての働きをしています。

振り返ってみると、12ステップでの土台作りができていなければ、息子との関係が完全に回復することはなかったでしょうし、インストラクターの仕事もしてはいなかったと思います。

現在は、私自身は大きな問題を抱えていません。けれど、日々の生活の中でどう進んでいったらよいのか分からず迷うことや、自分に自信がなくなり落ち込んでいってしまうことがあります。(中略)

では、自信をなくしたとき、落ち込んだ時どうしたらいいのでしょうか。私たちの模範であるイエスさまが「言われたとおりに歩く」とあります。

そう! 言われたとおりに歩けばいいのだ、と思いました。イエスさまの言われたとおりに歩いていたら、私は満足のできる人生を歩むことができると確信しています。

12ステップは、何度やっても新しい気づきがあります。他のメンバーによっても多くの気づきや考えさせられることがあって、とても楽しみにしています。

(7) 大きな悲しみ

それから尚紀君は自分のことに目を向けることができるようになり、もう一度高校をやり直すために大検の準備を始めました。食事も家族で食べるのが当たり前になりました。

失って来た時間を取り戻すように、親と子は小さい時からの時間をさかのぼるように良い時を過ごしていました。驚くほどの回復と、家族の姿がありました。教会の青年たちも尚紀君のことを気遣って、どこかに誘ってくれたり、家に遊びに来たりしていました。「さあこれからだ」と希望が確かに見えてきました。

尚紀君の訃報。7月20日「海の日」

外に出ることができるようになってきていた尚紀君は、久しぶりに教会の友達と海水浴に出かけました。夏の日差しの中。浮き輪に乗って、波に揺られていた彼が、すうっと海に沈んでいくのを近くで遊んでいた人が見つけて、慌てて助けを呼んでくれました。

自宅に教会の牧師から電話が入りました。

「尚紀君が海でおぼれて心肺停止だと連絡が入りました。詳しいことがわかったらまた連絡します」

「心肺停止って……」意味は分かります。貴美枝さんは、咄嗟に考えることを止めました。思考も心も止めました。

その前日、お父さんと家の中で鬼ごっこをして大笑いをし、お母さんの手料理を食べ、「お母さんの料理が一番おいしい」と。いつものように太り気味を気にしながらも、よく食べていました。

「親業で人に僕の話をしても良いよ」と楽しい会話が弾み、「夕食は帰ってきてから食べるから」「明日は朝が早いから起きなくて良いからね」と優しい心遣いをしてくれる素敵な青年に成長していました。荒れた日々は忘れてしまうような恵みの時でした。

不慮の事故での別れはあまりにも突然で、貴美枝さんは大きな悲しみを再び背負うことになりました。

安易に掛けてあげる言葉も、慰めの言葉も届かない、深い、深い、悲しみの数年を通りました。

(8) 埋め合わせの作業

尚紀君が亡くなってからそれほど時間がたっていない頃に、廣瀬先生においでいただいて、自宅で12ステップをされました。廣瀬先生のお具合があまり良くなかった頃でしたが、貴美枝さんにとって、とても必要を覚えて無理にお願いしてきていただいたようでした。

自宅ですからご主人と教会のご夫婦と独身の女性も参加してくれました。夫婦で、男女混合で、廣瀬先生は「めずらしいグループだ。」とおっしゃっていました。

ステップ8と9は赦しと埋め合わせのステップです。

「埋め合わせをしたくても相手がもういないのです。どうしたらいいのですか？」と泣きながら質問されたそうです。先生は「埋め合わせは自分の問題です。それを受け取った人がどうするかは相手の問題です」とお話されました。貴美枝さんは今も、息子に埋め合わせをし続けていると話してくれました。深い悲しみを通った貴美枝さんは尚紀君の遺言とも思える、「親業で人に僕の話をしても良いよ」という言葉を大切に思って親業のインストラクターとして講演会、また講座を開き、親と子が心の通う会話ができる関係を築けることを願って活動を始めました。

現在は12ステップの学びとコミュニケーションを学ぶことはとても重要だと思い、さらに与えられた機会に多くの親たちに「我が子が生きていくために親は頑張れる」と講演会で語り、現在は自分で立ち上げた「親のためのコミュニケーションスキル教室」を開いています。

（9）尚紀君の事故の本当の姿とは

尚紀君の事故のあと、親業のインストラクターとなって知りあった先輩インストラクターの本[注1]を読んで、うちの子は「発達障害だった」と今までの謎が腑に落ちました。そしてその方に直接お会いし、話すことによりいろいろなことがわかりました。育てにくさがあること。当たり前のことと思って伝えたことが、子どもが受け取りにくかったり、理解しにくかったことなど、その理由がわかりました。

またADHDの本に出会い、様々なところに相談に行き、原因を探り、育てにくさ、起こって来た多くの出来事、分からなかった多くの疑問が発達障害ということからきているのだと分かっていきました。

「われわれはほんとうに子どもを理解しているだろうか？　同じ家庭に生まれて、社会的な子もいれば、内気な子もいる。成績の良い子も悪い子もいる。しつけやすい子もいればしつけにくい子もいる。われわれはそれぞれの子どもにとってのより適した育て方をし、よりよい環境をつくってやることができる。それに気づかず、子どもはみな同じだと思っていれば、子どもたちのちょっとした違いから生まれる成長の過程で起こるいろいろな問題を見過ごしたり、間違った対応をしてしまうことがある。のび太やジャイアンのような子どもたち、この正反対の性格をもつ子どもたちは、意外なことに生まれたときから共通する脳の状態、注意欠陥・多動性障害（Attention-Deficit Hyperactivity Disorder: 略してＡＤＨＤ）という症候群を持っている。注2」

その当時発達障害については詳しい情報は今のように広く知れ渡ってはいませんでした。最初に日本に紹介されていったのはＡＤＨＤの情報からだったと思います。

これらの出会いにより、今まで雲に覆われていたような疑問が取り払われていきました。なぜ尚紀君が周りの子どもたちの中でうまく適応できなかったのか？

愛情をこめて子育てをしていたけれど空回りしていったのか。他の子どもたちと同じように育ってほしいと、親の期待が彼を追いつめていったのか。親としての期待と現実の中でつい彼を追いつめてしまった様子を思い出すことになりました。あの時、この本と出会っていたら、もっと違った対応ができたのではないかと、悔しい思いに駆られることもあったようです。

水の事故のことも、小さい時の彼の姿を思いだすことで納得できていきました。小さい時、顔に水がかかることを極端に嫌がり、洗顔にものすごく時間と労力を使ったこと。プールに行ったとき、絶対に水に顔をつけることをしなかったこと。かけられるとパニックをおこし、その回復にものすごく時間がかかった事等々。

発達障害については近年たくさんの書物、また児童精神科医のクリニックも増えました。育てにくいお子さんを持っておられる親御さんにはこれからも支援が必要になることと思います。愛し大事に育てていたけれど、ボタンの掛け違いを起こしてしまった家族のためにも、12ステップの働きが用いられるように願います。親たちの心の支援も必要だと思います。

注1　『我が子と心が通うとき』　松本純著　アートディズ発行

注2　『のび太・ジャイアン症候群』　司馬理英子著　P11　主婦の友社刊

工藤先生のコメント

〈尚紀君の思い出〉

私は確か、貴美枝さんの行き詰った親子関係で、まずは息子さんに会ってみないことには何も言えないし、判断できないと思ったので、学校に来ていただいてお会いしたと思う。

初めて、ご本人にお会いして、「この引きこもり」は自然の出来事、当然な事態と思ったのであった。

私は尚紀君に「大丈夫、大丈夫。何も心配ない。」と言ったように思う。するとその一言に安心したのか、素直に私との面談に応じ、そして面会するたびに安心して話すようになっていった。

それが当時の私には、実に面白い現象として心に残った。おそらくそれは、それまで緊張状態にあった冷たい家族関係が改善されたためでもあろうが、部屋の空気も一変し、そして会話のトーンも急速に変わった。人間らしい声で、人間らしい対話、会話に変化してきたのである。

〈人の生命の課題〉

尚紀君がこの世の生を終えるに至った教会の青年会の海水浴の出来事も、私には驚きの体験であった。つまりその日は、尚紀君がご両親との和解を想い、彼の視野に社会生活が射程距離に入って、社会的存在として生きていく準備ができたことを意味したに違いないが、その旅立ちは悲しむべき〝死〟という形をとって巡ってきたことに、私は驚きを覚えた。

しかし後日、彼の表情がすこぶる平安に輝いていたと知って、人には何か果たすべきテーマがあって世に送り出され、それを全うするまで生きながらえ、それが終わる時、神はその人の生命を天に移されるのではないだろうか、という思いに捕らわれた。

「主は与え、主は取られる」という見方である。

人とは何か、その人の生の課題を果たし終えるまでは人は生かされて生きるのではないだろうか。

7章　廣瀬先生が望んでおられたこと

（1）お酒の問題と家族の問題

「お酒を飲まない人が、どうしてお酒の問題が分かるか！　酒飲みの気持ちは酒飲みにしか分かるものか！」誠にごもっともなご意見です。私は、酒飲みの酔いの気持ちやその結果、王様になったような、すべてがコントロール出来そうな、そしてなんでも出来そうな万能感に浸ることの心地よさを全く知らず共感できないつまらない人間です。しかし、そんな素晴らしい世界の中で、不安と怒りと、失望感を抱え込んで、悩みの中に苦しむ夫や妻、そして子どもの気持ちは手に取るように分かるのです。私は、そんな人たちのやりきれない思いに共感します。

廣瀬勝久「ステップ4」から引用

廣瀬先生は、アルコール依存症の子どもとして成長し、高校生の時にクリスチャンになりました。ご自身のことを「共依存者、コ・ディペンデンスィ」といい「ミスター・ハチドリ」と称しておられました。（ハチドリはとても忙しく花の蜜をいただきながら、他の花に命の花粉を運んでいる過剰に世話好きな関係依存の鳥として、知られています)。

(2) ディアコーンとしての働き

会社勤めのあと、ノルウェー宣教団体の宣教師に誘われ、ディアコーン(奉仕する人)としての働きに入りました。

青十字活動運動の働きやノルウェーの青十字施設を通しての学びをしておられたようです。まだまだアルコール問題が肉体の病気であるとの認識から、さらに心の問題であると考え方が変わりつつある時であったと思います。

そのことから、アルコールの問題はアルコールからの回復だけでなく、人間的な人格の回復、霊性・スピリチュアルをも考慮した全体的人格への配慮が成される治療が期待され、東京ディアコニアセンターの主事として地道な働きを続けておられました。

(3) 霊性を主体とする回復プログラム

東京ディアコニアセンターでは、霊性を主体とする回復のプログラムを探していて、アメリカ・ミネソタ州のビットナー博士の働きと出会うことになりました。1991年4月にビットナー博士を日本にお招きして講演会を開いたことが12ステップの始まりでした。廣瀬先生は各地でグループ活動と講演会を開き、12ステップの働きを進めていきました。そのような中で、教会のモデルケースを探しておられたため、横浜白山道教会を支援してくださいました。先生の目標は教会の中で、霊性の回復を目指した12ステップを展開していきたいと希望しておられました。

世の中にはアルコホリック・アノニマス（A・A）、アル・アノン（酒害者の家族会）、アラテーン（酒害者の子どもの会）、アラノンAC（機能不全家族の成人した子どもの会）、エモーションズ・アノニマス（匿名感情障害者の会）、拒食症などのオーバーイーター・アノニマス（匿名過食者の会）等々、たくさんの嗜癖別の自助グループが存在し、また回復へと導かれています。今その働きは各地に広がってきています。その方々の回復には「ステップ11の霊的覚醒」が必要と言われています。しかしそこにはハイヤー・パワーと言われる顔の見えない神さまが、存在しています。

教会の人々の中にも、同じような悩みを持っている人が存在し、世の中のグループの助けを受けておられることがあります。

ハイヤー・パワーではなく、私たちの主キリストに信頼しつつ、回復を目指していくプログラムを教会の中で、教会の人々のために行っていきたいと廣瀬先生は願っておられました。それが、ビットナー博士がまとめられた、「キリスト者の生き方・成長の12ステップ」の働きでした。嗜癖別ではなく、信仰によって、各々が抱えている問題をくぐり抜け、回復を目指していくことこそ教会の大きな助けになることを信じておられました。

（4）自助グループの立ち上げと引継ぎ

東京ディアコニアセンターの退職後、かねてからの願いであった自助グループの働きを本格化するために、廣瀬先生は2004年5月に自助グループの立ち上げを行いました。CLG12ステップ（Twelve Steps For Christian Living Groups）のスタートでした。

その直後、2005年白血病を発症されました。病の中でも活動は継続しておられましたが、事務的なテキストの発送等などが滞らないように、私が事務局を引き受ける形になりました。先生は主事として個人的な働きを中心として、病と共存しながら、働きを続けておられました。

入院治療をされて、一時寛解《かんかい》状態になられ、退院。

12ステップの働きにも復帰しておられました。小康状態を維持しておられましたが、再度入院。無菌室での治療であるためと、また面会を断っておられた状態でしたので、連絡を取ることが難しかったため、お祈りをして回復をお待ちしておりました。

2007年12月17日、神さまが連絡を取ってくださったとしか思えないような不思議な導きで、先生と連絡がとれて、お見舞いに主人と一緒にうかがいました。言葉をかけるよりもまず、主人と先生は固く抱き合って、しばらく涙の時を過ごしました。それからご一緒に礼拝いたしました。お体はとても弱っておられましたが、お話なさる口調はとても力強く、「今の病は、必ず意味のある事と考えています。今の時代は12ステップを必要としていますから、教会の中でこの働きが必要になります。暖かくなったら、もう少し良くなって、働けると思います。希望は失っていません。先日お願いした機関紙の原稿もたくさんの方に書いていただいたので、それを発行するのを楽しみにしています」と語ってくださいました。

そして先生が、油（ディアコーンとして任命されたときに与えられた）を出されて、「塗って祈ってください」とお申し出がありました。

油を塗って主人がいやしのためにお祈りさせていただきました。先生はご自分のいやしを祈られるのではなく、「キリストが今日一日私と一緒にいてください」と篤くお祈りされました。そのお祈りに、先生のキリスト者としての豊かな霊的なお姿を見せていただき、とても厳粛な思いにさせられました。

「また必ず、ご一緒にステップを行いましょう。今の時代はステップを必要としています。春になったらリトリートをしましょう」とお約束をして、お別れいたしました。これが先生との、この地上での最期の時となりました。最後の最後まで、先生は私たちの霊的な素晴らしい指導者であられました。

その後2008年1月3日召天

先生と過ごす事の出来た、一回一回のステップは今なお大切な宝物として、神さまからの贈り物として存在し続けております。今、長い病の苦しみから解放されて、先生が愛して仕えておられたイエス・キリストに、「よくやった忠実な良い僕よ」、と語りかけていただき、固く抱き合っておられることと信じております。

「1日単位で生き、一瞬一瞬を楽しみ、
この罪に満ちた世界を自分がそこに染まるのではなく、
あるがままに受け入れ、私がみこころに明け渡すならば
あなたがすべてを整えてくださると信頼し、
それによってこの世においては適度な幸せに、
次の世において、あなたのみそばで最高の幸せにおらせて下さい。」

学習ノート・開会の祈りから

先生は、この祈りの通りに生きておられた。そして、キリストに仕えられた方だったと思います。

(5)「今の時代は12ステップを必要としている」

その先生の後を受ける形で、事務局の働きは細々と継続されてきました。研修会、年2回程度開かれる短期集中講座、ステップに参加されておられる方々でステップ11だけを取り出して行うリトリートが、主な働きでした。そしてステップの経験者の声をお届けする

機関誌『ゆたかな羊』の発行を行ってきました。

それほど大きな働きはできてきませんでしたが、ここまで続いてきたことは感謝なことであったと思います。

先に行く人の言葉は重たいものだと思います。

先生が残された「今の時代は12ステップを必要としています」。本当にそうだと思います。益々これからの時代は「信仰の12ステップ」が教会に必要になると思います。これからの時代のために12ステップが広がり、どこででも同じようなプログラムを受けられるようになっていくことを望んでいます。

おわりに

（1） 伝道師になって40年

私が神学校の時代は「女の伝道者がギリシア語、説教学を学んで、どうする？　オルガンが弾けて、ケーキが焼ければ十分だ」と言われました。（これは教授の先生方の声ではないことを書いておきます。念のため！）今の時代になれば、セクハラになりますね。

そんな時代でしたけれど、意地になって、ギリシア語のクラスに座っていました。（1年で挫折してしまいましたが……）。

そんな中でも誠実にヘブル語、ギリシア語を学んでおられた女性の先輩もおられました。尊敬に値します。説教学も聖書解釈学も歴史神学も、男性に負けないように頑張って学生時代を送りました。母にいつも「男に負けないように生きなさい」と言われていたことも影響していたのかもしれません。

伝道師として任命されたけれど、メッセージをすることなく、子育ての中で子どもとのお砂遊びの日々に焦燥感を覚えたこともありました。このまま「お洗濯おばさん」として朽ち果てていくのではないかと思えるような数年もありました。自分がどのように働くのかを考えさせられた日々でした。「私が何者であるか」を求めながら、聖書を婦人たちと子どもたちと学び、信仰の喜びを分かち合ってきた40年であったと思っています。

現在では、日本同盟基督教団では教職者夫人でも教団の正教師になれるようになりました。

隔世の感があります。

教職者夫人と言われても立場があいまいで、どんなことをすることが神さまの働きになるのだろうかといつも思っていました。自分というアイデンティティーをあいまいにしてきたように思います。

今まで使われていた「牧師夫人」という名称は、その名前が忍耐を強いられ、また信徒の暗黙の模範となるよう求められるような印象さえあり、最近ではそのイメージから抜け出すために教職者夫人、教職配偶者という言葉が使われ始めています。女性教職者も認められてきているため、男性の教職配偶者も誕生してきています。教会でも多様性が認められつつあるのでしょうか。

たくさんの教職者夫人がいますが、様々な立場があります。

自分自身は伝道師として任命され、パートナーも教職者。

教職者と結婚したけれど、自分は信徒としての歩みをしたい人。

結婚した時は信徒だったけれど、のちに、自分は望まなくても配偶者が献身して教職者夫人になってしまった人、などなど。

でも「牧師夫人」としてひとくくりにされてしまう。重たいイメージが付きまとうことも多々ある。

ある人が「牧師夫人」はごみ箱のようだと話されました。「なんでも一緒くたにされて、人々のごみ・不平・不満を集めるような仕事だ」と。

一人の教職者夫人がいればさまざまな背景があることでしょう。ひとくくりに教職者夫人とまとめられるのではなく、自分に与えられた賜物を自分らしく神さまの前に用いていただくことができたらと願います。

現実の教会ではまだまだ昔ながらの「牧師夫人」としての在り方を求められることは多く存在しているように思います。訓練や聖書の知識に乏しくても、信仰の模範さえ求められ、時としては牧師以上の期待と人々の関心を向けられることもあります。そして暗黙に求められる様々の奉仕、霊的な指導、子育てのことも、私生活も透けて見えて、人々の言葉に振り回されてしまう。

多くの教職者夫人が痛みを通り、燃え尽き、苦しみの中を歩んでいます。その中で悩み苦しんで12ステップに参加して来られる方はとても多いです。最もケアを受けなければならない立場なのではないかと考えています。ケアを受けたくても、時間とお金を払ってまで、ケアを受けられる人はそれほどいません。それが今の教会の現実だと思っています。

そのようなことを含めて考えてもなお私は、教職者夫人は日本の教会では信仰の12ステップを実践するのに一番ふさわしい人のように思っています。もちろんその人の得意不得意がありますので、無理にする必要ありませんが。

もし今、苦しんでおられる教職者夫人がおられたら、最適かもしれません。

教職者夫人は牧師の弱さも強さもわかり、支えてあげたい、協力したいと願っておられると思うのです。またあいまいな立場の中で、信徒の方々と密接なかかわりと援助が求められる立場です。信徒の方々の声を聴きたいと願って、問題を抱えておられる方々と共に歩みたいと願っても、実際にどのようにかかわればよいのか、どのように導けば良いのかがとても難しい。

知識がなく関われば、自分自身も燃え尽きることも多い立場のように思います。

私自身もそのような中で12ステップに出会いました。人々とかかわるときには、エペソ人への手紙に出てくる神の武具が必要でしょう。知らないで素手でかかわっていくと大変なことが起こります。教会に集う人々ではなく、その背後にいてこの世を支配している悪魔とも戦わなければならないのだと思います。私自身も人々の話を聞きながら、背後でうごめいている悪の力をひしひしと感じ恐れを抱いて過ごすことも多くありました。氷の女王（『ナルニア国物語』に出てくる氷の女王）と戦っているような感じさえありました。

人々の声を聴いてあげるために、万能ではありませんが、12ステップは良い道具です。ルール立てがありますので、そのルールを守っていけば、相手を守り、また自分自身も守ることが可能になります。

良い道具をしっかり用い、良い援助者として教会の働きのもう一つの、そして欠かすことのできない歯車を回す。そのような人が現れることを祈ります。

牧師が自分の弱さをグループの中で語っていくことは大変ですし、また説教を語る人としては、そのための時間を多くとらなければなりません。私も牧師がメッセージを作る姿を傍らで見せてもらい、自分の命を削るように毎週毎週の準備をすることの大変さを見てきました。私には到底できない仕事だと思っておりました。

牧師が弱さを出せる、そして正直に自分と向き合うための仲間、友の存在は何よりも必要になることだと思います。牧師ほど孤独な仕事はありません。牧師のためのステップは是非広がっていくことを期待しています。

そしてこの働きの応援者になってほしいと思っています。

重荷を持つ牧師も増えてほしいです。

重荷のある信徒の方がこの信仰の12ステップを導くことができれば、素晴らしいことです。信徒の方が多くの重荷を担うことはかなり大変なことだと思います。牧師も気が気ではないかもしれませんが、是非教会の牧師とよく相談して協力し、この働きを担ってください。重荷が与えられ、教会の人々のために、また自分自身のためにも、このようなグループが作られていくことを夢見ています。

重荷が与えられた人、またステップを通して喜びと恵みを味わった方が最適です。また悩み苦しみを抱えておられる人が良いファシリテーター[注1]になれます。是非一度ステップを経験してほしいと願っています。自分自身がいやされることを経験し、そしてその他の人のいやしのために共に歩むことができたら素晴らしいと思います。

注1　「ファシリテーター」とは12ステップミーティングの進行役を担い、メンバーに発言してもらうサポート役です。ファシリテーターになる条件などについては付録を参照。事務局ではファシリテーターの研修会も計画しています。

（2）子ども時代を豊かに過ごすことの大切さ

ステップの学びの中から導かれて、子どもたちが健康に育つには「親に愛されて、また適切な養育がどれほど必要なことなのか」を思い知らされました。

多くの若者たちがステップの中で、失われた子ども時代を嘆き、良くなりたいけれど、とても忍耐が必要であることを涙と共に教えてくれました。大人になってから取りもどすには、多くの労力と忍耐が必要になります。実際は取り戻すことはできなく、痛みの中を通り抜けなければならないことも多々あることでしょう。愛されて育つことがどれほど大切なことかを人々に伝えたいと願いました。

教会の婦人会で分かち合って、親と子が豊かな子ども時代を過ごしていけるように、このステップの働きと並行して、20数年地域の子育て支援に取り組みました。

未就園児の母子のためのナーサリーを企画しました。病まない子どもを育てるにはどうしたらよいか。幼児期の子育ての大切なことを分かち合い、また親も子も楽しいひと時を過ごすことができるようにと毎週教会の皆さんが良く理解し、応援し、共に働いてくださいました。

その中から幼稚園を作ってほしいとの願いが上がって、幼稚舎光の園の働きにも取り組みました。それほど得意ではない幼児教育にも素晴らしいスタッフに恵まれて、14年関わることが許されました。卒園生は約100名。とても小さな園でしたが、毎日子どもの姿から力を与えられ、教えられ、お母さんたちの悩みに寄り添うことを許された感謝な日々でした。しかし時代の流れには逆らうことができず。閉園することになり、学童期の子どもたちを預かる放課後児童クラブ光の園の働きへと継続されました。

子育ては時代とともに変化します。しかし子どもが必要としていることは、昔も今もそれほど変わりがないのではないでしょうか?

のんびり、ゆったり、育つことをゆるされない、追い立てられる時代。子どもが子ども時代に愛を受け豊かに過ごすことが許される時代ではますますなくなってきていることに、子どもたちの将来がとても不安になることがあります。社会のひずみは小さいものの弱いものに大きく現れてきます。

これからの幼子たちがどんな大人として成長していくのだろうかとため息が出てくることも多々あります。

わたしの中では幼児教育も、親と子の支援も、12ステップの働きの延長でした。あともう20年若かったら、まだまだ子どもたちの働きをしたいと、送迎で走っている幼稚園バスを見るたびに胸が痛みます。これからの子どもたちがどのように育つのか祈らされます。子どもの話に耳を傾ける大人が周りにいてくれることを期待しています。

子育て支援はますますこれから必要になっていくと思います。教会はその働きをする必要があり、またその資質を備えている場所だと信じています。薄くなっていく地域の共同体としての働きをする拠点になってほしいと考えています。

(3) 下りて行く道

ここ数年、体の不調を感じるようになり、働きを少し減らさなければならないと思いました。主人とも話し合い、教会のプランとも合致したため、教会の大切な働きを担う牧師の職は退くことにいたしました。ここまで守られて歩むことが許されて、感謝しています。

私たちの先輩たちの時代は「死ぬまで牧師で」「講壇の上で死にたい」とはよく聞かされました。私たちの年代はどのように歩むことが最善でしょうか？

正解はどこにあるかわかりません。ひとまず、ここまでたどり着くことができたことを感謝し、これからの歩みを模索しようと思っています。

年を取り、下りて行く道は、経験がないことですので、手放すこと、自分自身の老いること、また弱さを受け入れることは難しいかもしれません。先輩方の姿を見せていただきながら、歩みを進めていきたいと思います。

年齢を重ねていくことも様々な試練や困難が多くなってきている時代です。私も両親の介護と看取りのために多くの時間と労力が必要になり、困難もたくさん経験いたしました。その姿から多くの学びもさせていただきました。

あと何年命が与えられて、また健康で過ごせる時間がどれほど残されているかわかりません。明日突然命の終わりが来るのかもわかりません。

主人は自分自身に力がなく、こんなに足りないものが牧師の働きをよく40年も続けることができたものだと、感謝しています。教会の働きを終えて、これからは後方支援をしようと思っているようです。

私はあともう少し時間と力がまだあるうちに、教会の働きの側面の支援を、12ステップの恵みを教会に伝えたいと願いました。キリストがいつも私と共にいて歩んでくださったように、私も苦しむ人と共に過ごし、また語り合いたいと思います。

しかしその中で、いつも何もできない無力を味わう日々です。人々にキリストにある豊かな生き方をお伝えするために、信仰の12ステップを紹介し、お伝えしたいと思います。

(4) これからの「信仰の12ステップ」

現代社会の病んでいる姿は、この世に生きる教会にも押し寄せてきています。社会の一部である教会も病むのは当たり前だと思います。キリスト者も社会と教会の生活の中で、うめき声をあげているのではないでしょうか。

キリストのからだとしての共同体の機能が果たされることが難しくなってきているのではないでしょうか。

「自助グループとは原則的に専門家抜きの当事者の集まりである。当事者同士が集まり、匿名で自分の経験を分かち合う。もっぱら互いの経験を聞き合う場であり、助言や指導を受ける場ではない。しかしその癒しの効果は、専門家のカウンセリングよりも高い場合がある。「12ステップ」などのプログラムに沿って行われるグループもある。[注1]」

カウンセリングを受け、自分を吟味し成長を促す働きは、この日本ではあまり広がることなく今日までできています。キリスト教会においてもなかなか受け入れられない領域でした。心療内科でも薬物治療がほとんどで、その人の成長を促すような取り組みは少なく、教会に集う人々の苦しみを共に祈り励ますことはできましたが、良い道筋をつけることが難しく、悩んでいた時に出会ったのがこの信仰の12ステップでした。

教会に集う人々をいやし、キリストと共にある人々には「変革は可能」であることを信じ歩みたいと願います。これからはなおさら必要が大きくなることと思います。是非応援してくださり、グループにご参加ください。また短期講座にご参加ください。そしてファシリテーターになり、12ステップが用いられ、地域のグループもまた広がっていくことを望んでいます。

12ステップの働きは万能なものではないことは認めています。有効な道具として用い、教会に集う人々が伝えられた福音を自分のものとし、イエス・キリストのいのちを得、それを豊かに持ち続けるために、この働きが教会の中に根付いていくことができたらと願います。

そしてその労力の大きな報いは必ず豊かな実りとして実を結ぶことを信じて人々に伝えていきたいと願っています。

廣瀬先生がいつも話しておられた。

「病む人々の前でいつも無力を味わっています。ですから、その方々を覚える朝の祈りは私の大切な日課です。」先行く人に見習い、歩んで行きたいと願います。

興味を抱き、この働きに重荷を持ってくださる方が増えることを切に祈ります。これからますます必要があります。是非「信仰の12ステップ」の分かち合いを経験してくださることをお勧めいたします。

会で最後に使われる言葉で終わりのことばとしたいと思います。

「あなたが初めて参加して、自分が懸念していることや、問題が人のそれより一層悪いと感じるなら、誰にも問題があることを思い出してください。おそらく同じような事情の人がきっといます。心を広く保ってください。自分の人生をキリストに変えていただこうと心から願う人には変革は可能です」

信仰の12ステップ「閉会のことば」

「わたしが来たのは、羊たちがいのちを得るため、それも豊かに得るためです。」

（ヨハネ10・10）

注1　藤掛明・小渕朝子・村上純子編著『牧会相談の実際　カウンセラーと共に考える』あめんどう選書、140～141頁

感謝の言葉

信仰の12ステップが広がるためにはどうしたらよいかと数年前から考えていました。そのような時、藤掛 明先生がお声をかけてくださり、「事例集を出してはどうか」とお勧めくださいました。私が書けるだろうかと思って躊躇していました。書き出してもいろいろな悩みがあり、その都度的確なアドバイスをくださり、また素敵な言葉で励ましてくださいました。原稿を書いている途中に新型コロナ感染症が流行し、また私自身の生活の変化もあり、しばらく書くことが中断したこともありました。先生の励ましがなければ書き続けることができなかったと思います。

また工藤信夫先生には、信仰の12ステップの最初からグループ運営などの多くの示唆をいただき、導いていただいてきました。事例のコメントもお寄せいただきました。長い間、折にかなったご指導をいただいてきたことに心から感謝しています。

信仰の12ステップの概略と解説を的確に力強く書いてくださった家山めぐみ先生。教職者夫人として、多くの悩みの中で信仰の12ステップに取り組んでくださり、胸が熱くなる推薦文を書いてくださった小暮敬子先生。

事例のなかで、一緒にステップを取り組んできたお一人おひとりのメンバーの方々がおられなかったらこの本はできなかったことだと思います。

特に貴美枝さんとは、「尚紀君のことは単なる悲しいお話として書くのではなく、尚紀君が生きた証を残したいね。同じような経験をしている方が、『もしかしたら我が家も?』と気づいていただけるかもしれない。大切に書きたいね。」と長年願ってきたことでした。

今回事例で取り扱わなかった多くのメンバーの方々がおられますが、心に大切に残っていることはたくさんあります。その方々にも改めて、心から感謝いたします。

付録の作成・装丁などで、イメージを言葉でしかつたえられない私の気持ちを表現してくださった藤原京子さんに感謝しています。

信仰の12ステップに特化した本を、ヨベル出版から快く出すことを許してくださり、的確なご指導と忍耐をもって実現に導いてくださった安田正人さんに感謝しています。

実現のために多くの方が祈り、励まし、応援してくださったことを主に感謝し、お一人おひとりの上に主の祝福がありますようにお祈りいたします。

そして何よりも、私の働きを理解し応援し、また様々なことを助けてくれた主人に心から感謝しています。

廣瀬勝久先生のお導きがなかったら、今日の信仰の12ステップはなかったことと思っています。先生のお言葉のとおり、教会の中で信仰の12ステップグループが誕生していくことを期待しています。

2023年6月10日

松下景子

付録
【信仰の12ステップ】はじめの一歩

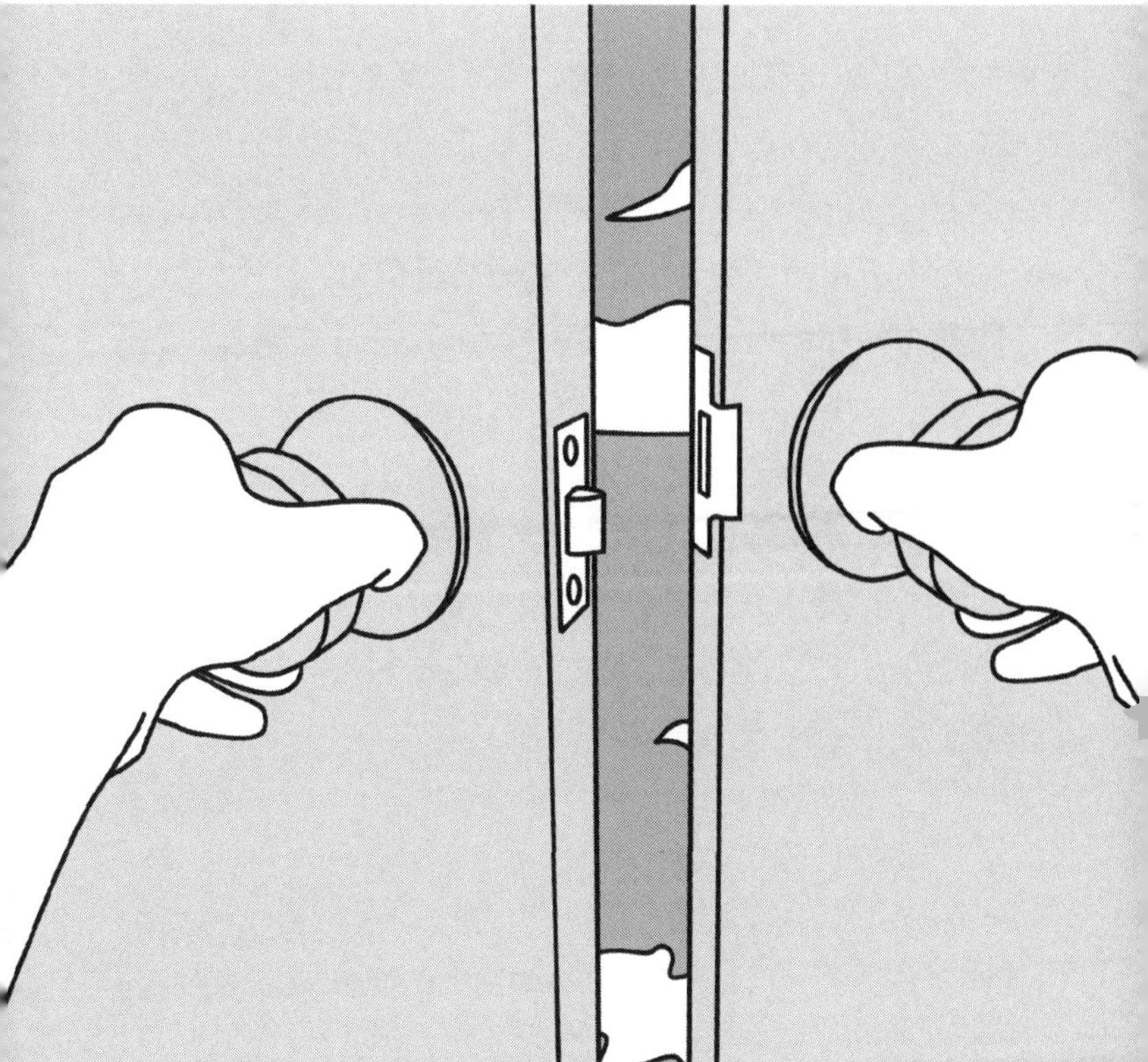

【信仰の１２ステップ】とは

【信仰の12ステップ（※1）】は、信仰生活の霊性面と情緒面における手助けを行うプログラムです。

このプログラムはグループ・カウンセリングのセルフヘルプ・グループに区分されるものです。「セルフヘルプ・グループ（self-help group）とは、同じ悩みや障害を持つ人たちによって作られた小グループのことである。その目的は、自分が抱えている問題を仲間のサポートを受けながら、自分自身で、問題と折り合いをつけて生きていくことである。問題解決を目指したり、社会に対して働きかけるグループもあるが、解決できない問題（障害や死別など）とどう付き合っていくのかを考えるのもセルフヘルプ・グループの大きな特徴である。専門家が開設・維持に協力することはあるが、基本的に本人たちの自主性・自発性がもっとも重視される(※2)。」

※1【信仰の12ステップ】は「キリスト者の生き方・成長の12ステップ（Twelve Steps For Christian Living ）Groups」（以後CLG）の働きです。この働きを担うのは「CLG12ステップ事務局」です。

※2高松里著「セルフヘルプグループとサポートグループ実施ガイド」P17　金剛出版

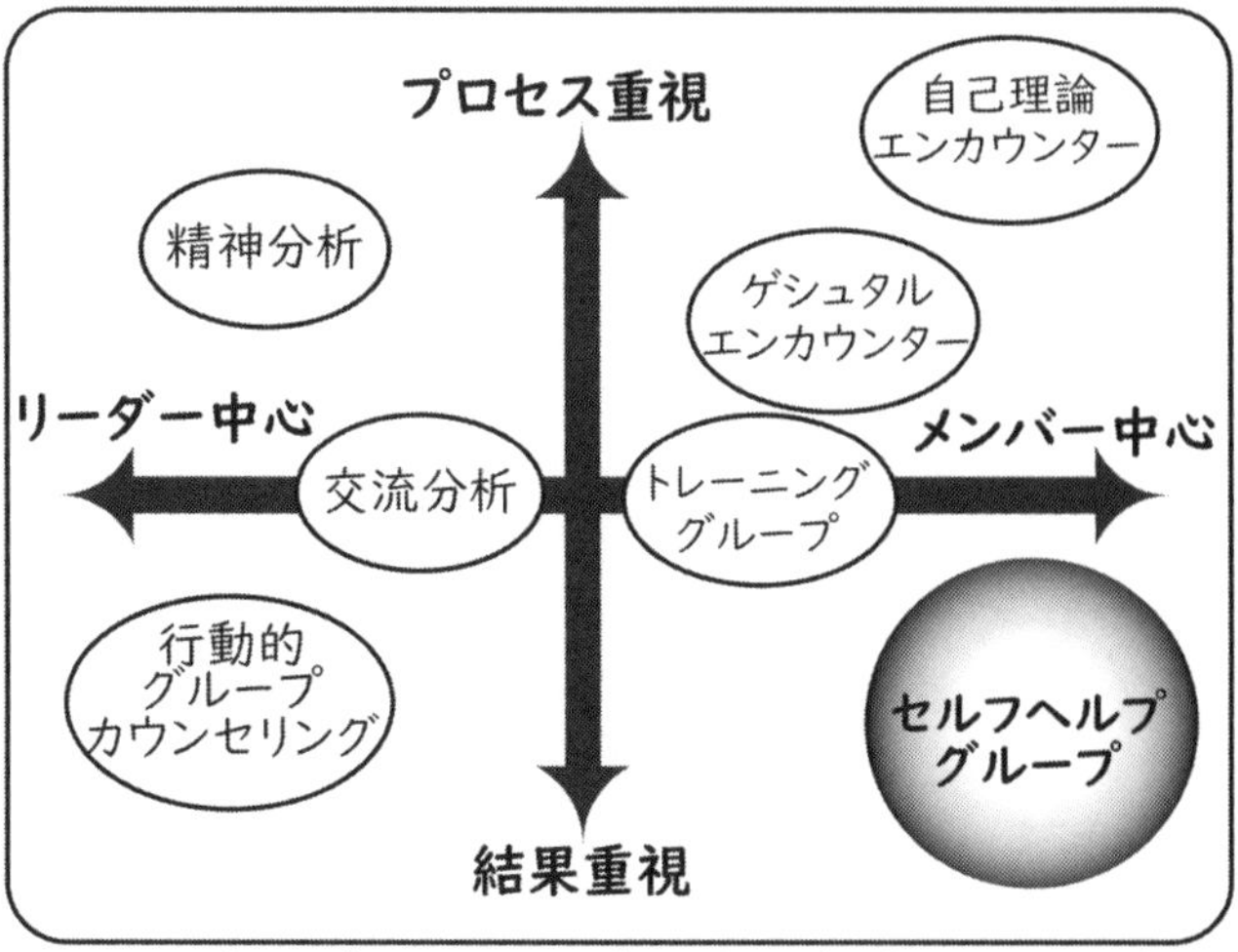

図1) グループ・カウンセリングの概念モデル(Hansen. J. C)

「縦軸はプロセスを重視するもので個人個人の自己啓発をアプローチするためにグループ・ダイナミックスの活用を強調している領域と、「結果重視」という、目的をもった行動変化を重視するものでグループの中で個人的な自己認識が行われるという考えを強調するものです。※3」

セルフヘルプ・グループである【信仰の12ステップ】は、「メンバーが中心となって自己のキリスト者としての霊的成長を目的とし、そのための自己のきづきを深めるやりかたです。従って、精神分析やエンカウンター、行動的グループ・カウンセリングとの違いをリーダは認識しておいた方が良いでしょう。※3」

※3 廣瀬勝久著「キリスト者の生き方・成長の12ステップ」グループミーティングについて P34-35

【信仰の12ステップ】の意図することは、キリストにある癒しとキリスト者の霊的な成長と変革です。キリスト教信仰の土台は難しいものではありません。実に、それは単純で、人間の自然の姿に直結したものです。しかし、時として、それを自分のライフスタイルに組み込むことが難しいのです。

【信仰の12ステップ】のわかちあいを通して、キリスト教信仰がより日常生活に生かされる信仰へと養われます。

【信仰の１２ステップ】の種類と特徴

通常グループ

毎週または隔週で、日時、場所を決めて開催します。対面ミーティングの空気感や臨場感は大きなめぐみです。人とのわかちあいの中で生まれてくるものがあります。日常生活の中に神様の豊かな取り扱いをより感じます。

オンライングループ

遠距離や、対面できない状況でグループができます。「言いっぱなし」「聞きっぱなし」が特徴的なので、オンラインで発生する時差もあまり気になりません。

短期集中講座

2泊3日あるいは3泊4日で開催します。日頃の生活から離れて、静かに振り返りの時を持つことは大きなめぐみがあります。メンバーとのわかちあいが深まります。修道院をお借りして開くことも多いですが、ごはんが美味しいです。食事もとても大切です。

【信仰の１２ステップ】の概要

【信仰の12ステップ】では、定期的に「ミーティング」を持ちます。「ミーティング」までに、各自テキストを読み、その週に用意されたステッププログラムを日常生活の中で実践します。「ミーティング」では、実践した中で気づいたこと、その結果おこったことなどを「わかちあい」ます。

ステップ1から始めます。1ステップごとに、順番に進めていきます。ステップ12まで終わると、再びステップ1から始めます。ステッププログラムは12ステップで**1クール**ですが、1クールでは充分な結果は得られません。少なくとも3クールは経験してみてください。

キリストの生き方を自分のものにすることは一生の課題です。【信仰の12ステップ】を日々実践し続けることで自分自身が変革してゆくことを体験します。

ステップを繰り返しおこなう中で、年齢を重ね、ライフステージも変化していきます。いままで気づかなかったことを発見したり、同じ内容も捉え方、感じ方が変わることもあります。

長く続ける自信が持てないかもしれません。ひとりでは続けられなくても「ミーティング」で出会う人々が助けになります。「わかちあう」ことで支えられます。

【信仰の12ステップ】を始めるためには

「CLG12ステップ事務局」に申し込む

ホームページ
https://www.clg12steps.com

テキスト、副読本、学習ノートの準備

CLG12ステップ事務局で購入できます。

オリエンテーション

ステップ1を始める前に約束事の確認やステップの効果、期待することをわかちあいます。大切なステップのひとつです。

・開始時間、終了時間を守りましょう。
・1回のミーティングは参加人数にもよりますが、1時間半から2時間程度が良いでしょう。それ以上、長くならないようにすることをお勧めします。
・大切な話しは、ミーティングの前や後に話すのではなく、ミーティングの中で話しましょう。

†自分でグループを組みたいと考えておられる方へ†
「CLG12ステップ事務局」にご相談ください。
「ファシリテーター」の項目も合わせてお読みください。

【信仰の１２ステップ】の実践方法

毎回、学習ノートに沿って進めます。自宅での準備も大切です。詳しくは「学習ノート」を参照してください。

閉会の祈り

▼

学習の心得

▼

歓迎の挨拶

▼

ステップの輪読

▼

わかちあい

・話しやすい環境でリラックスして話しましょう。そして、聞きましょう。
・簡単な自己紹介や、ステップに期待することをわかちあってから始めると、気持ちがほぐれて、話しやすくなります。
・言いっぱなし、聞きっぱなしを大切にしてください。「評価しない」ことがとても大切です。ほめることも評価になります。
・グループ全員が話し終えて、時間があれば、もう一回りすることもお勧めします。

▼

次回までの準備についての説明

▼

閉会の言葉・閉会の祈り

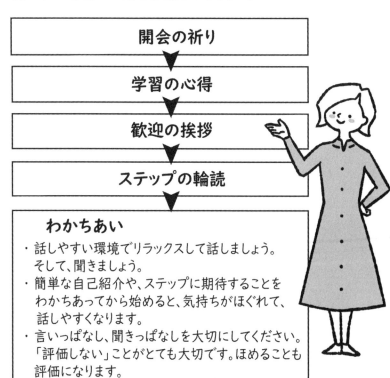

【信仰の１２ステップ】のわかちあい

ミーティングの「わかちあい」の中心となるのが、テキストを読んで感じたことや、取り組んだプログラムの中での**気づき、自分自身に起こったこと**についてです。ステップを通して、感情、思考、価値観を探求し、吟味してください。「わかちあい」では、人のことや出来事ではなく、**自分自身について話します。**

霊的成長には率直さが必要です。自分の破壊的な生き方によって自分をあざむくのはやさしいですが、キリストの助けがあれば、偽ったり、隠そうとする必要はありません。霊的な生き方の鍵は、誠実に自分自身を知ることです。

【信仰の12ステップ】は、対決するグループではありません。解釈したり、批判したり、評価するグループでもありません。自分自身をわかちあってください。わかちあうなかで互いに成長します。自分からも人からも、完全さを期待しないことです。むしろ、キリストにあるいっそう霊的な生活へと、共に進んでいきます。

・神様との祈りの中で秘密に語っていたことも、受け止めてくれる人がいて、話しても良いんだと思えるようになった。話すだけでこんなに楽になれることを実感した。

・いつも自分の感情を押し殺して生きてきたように思う。「怒ってもいい」「悲しんでも良い」と人には語ってはいけないと思っていた。ステップに出会い、マイナスの感情に目を向けることができるようになっただけでなく、マイナスの感情を表すことができるようになった。

「わかちあい」の中でなにが起こってくるのか

ファシリテーター経験者5名に聞いてみました

・アドバイスをもらえなくても一緒に静かに涙を流してくれる人がいるだけで幸いだと思えた。これは大きな驚きだった。私はそうしてきただろうかと深く考えた。

・今ある状況は変わらないけれど、苦しみ、悲しみを乗り越えていける。今を大切にできることを実感した。正直に打ち明けあい、安心して、問題を見つめ、成長することができるようになった。

・テキストの中にあるように、人と神と自分を信頼することができるようになっていったことはとても大きい。これは頭で考えていることではなく、体験をとおして与えられた大きなことである。

「言いっぱなし」と「聞きっぱなし」

自分の考えと気持ちに焦点を合わせ、持ち時間内で、じっくりお話しください。話をまとめる必要はありません。心を開き、いま感じてることをそのままお話しください。大切なことは、テキストを読んで思い巡らしたことや、自分の感情を素直にわかちあうことです。

豊かに話す　「言いっぱなし」がルールです。

「聞きっぱなし」がルールです。　**豊かに聞く**

他の人が話しているときは、口をはさんだり質問するなどして、話の途中で遮らず、じっくりお聞きください。話し手が自分の気持ちを妨げられることなく、自由に表現できるようにすることが目的です。互いに支え合うことに徹し、助けを求められてもいないのにアドバイスをしたり相手を直してあげようとしないように心掛けてください。

・ステップの特徴として「言いっぱなし、聞きっぱなし」がある。これはとても不思議な世界であるように思う。現実の教会の中ではあまり存在しない。

・答えを出さなくてよいというのは、人の話を聞かなくてはならない立場の人間にとって安心して人の話を聞くことができ、気持ちを軽くして聞けるルールだと思う。

・聞かされた私は、聞くことによって自分が見えてくることが多い。また聞いたことにより、自分の感情がより明確になってくることを経験した。

・自分の話をさえぎらないで最後まで聞いてもらえる。

「言いっぱなし」「聞きっぱなし」とは

ファシリテーター経験者5名に聞いてみました

・自分の苦しさを話すことで、心の中に風穴が空き、そこからゆとりが生まれ、聖霊の風が吹き、変化を導き出しているのかもしれない。

・教えられない(アドバイスを受けない)からこそ、教えられることが多いのではないだろうか。

・日頃の生活の中では、自分の話を聞いてもらえることがほとんどなく、聞くばかりの生活を送っている。

・支配されない、コントロールされない自由な中で、自分を表すことができることは大切なことだと思う。

信頼されるグループになる

グループを安全な場所にするために、機密は必ず守ってください。グループ内で、わかちあわれたことは、決してグループの外で話したりしないように注意してください。**家族にも友人にもです。**

機密保持の原則は、繰り返し、注意事項として、特に大切にすることを意識して読まれるように、プログラムに組み込まれています。なかなか守られないのではないかと心配する人もいます。もし秘密が漏れるようなことがあったら、すぐにグループを解散することも必要です。

罪の告白などは、聞くだけでもとても辛い気持ちが湧いて来ます。毎回、グループで語られることは、その場に置いて帰るようにお勧めしていますが、このことは回数を重ねても、慣れないことの一つかもしれません。

秘密を守ってくれる人々がいて、自分の告白に、心を傾けて聞いてくれることで、大きな癒しが経験できます。そのメンバー達を信頼できることで、大きな冒険ができ、成長につながります。

すぐに自分の問題を、正直に話すことができる人は、それほど多くないことでしょう。ステップが進んでいく中で、心が開かれ「癒されたい、話したい」という気持ちが動いていくことも味わってほしいことです。

深刻な問題であればあるほど、本当に関係のない人やアノニマスで語れる場所を、探して参加することもお勧めすることがあります。そのような時は問題別のグループを紹介することも助けになります。

【信仰の１２ステップ】のファシリテーター

ミーティングの進行役を担い、グループ学習が円滑に進むよう手助けをします。ミーティングの進行や時間など運営の責任がありますが、**メンバーの一人**でもあります。

全メンバーが参加し、互いの経験から学べるよう配慮する責任を持ちます。ファシリテーターの最も大切な役割は、率直、誠実、理解、受容の態度を取れるような雰囲気を、作り上げることです。

ファシリテーター自身がグループでの分かち合いの模範を示すことが大切です。テーマの掘り下げと対話が深まるように努めます。、ファシリテーターを含めたメンバー全員が、裁かれたり、批判されることなく、自分の感情を率直にわかちあえる機会となるよう配慮します。

ファシリテーター自身が、メンバーを治そうとしたり、影響を与えたいという気持ちがないか、自分自身の姿を吟味する必要があります。

時として沈黙も霊的交わりには必要です。ファシリテーターは沈黙を遮ることがないよう、配慮が必要です。

ファシリテーターになるために

† 「CLG12ステップ事務局」にご相談ください。

† 所属教会の牧師の理解を得てください。
【信仰の12ステップ】の目指すものを理解してもらうことはとても大切です。

† 既存のグループまたは短期集中講座に**メンバーとして**少なくとも3クール参加して、【信仰の12ステップ】を体験してください。

† ファシリテーター研修会に参加してください。

グループの準備

† グループは「CLG12ステップ事務局」に登録が必要です。「CLG12ステップ事務局」にご連絡ください。

† ミーティングの場所、時間、期間を設定します。毎週が理想的ですが、隔週でもかまいません。なるべくミーティングの途中で人が入ってこない環境を用意します。

† 所属教会の牧師と相談し、教会でできるか検討することをお勧めします。教会を借りられるとさらによいです。

† グループの人数は3人から7人程度をお勧めします。
1対1はお勧めしません。

グループの運営にあたって

- † メンバー分のテキストを購入してください。
テキストや学習ノートのコピーは禁止です。

- † 開始時間、終了時間を守ってください。終わったらなるべく早く解散し、余韻を持って帰りましょう。

- † テキストや学習ノートをよく読んで、ミーティングのために十分に準備してください。

- † 毎回、機密保持を強調し、内密にする重要性をメンバーに思い起こさせてください。

- † 座席はいつも同じでなく変化をつけると良いでしょう。

- † 励ましのために、終了時に修了書を発行してください。
フォームは事務局にあります。

- † 会場費、茶菓代等の諸経費、また事務局運営維持のための献金のとりまとめをお願いします。ミーティングを継続するために必要な経費は献金から取りおいてください。無料で行うのではなく、そのような必要があることをメンバーに伝えることは大切です。献金の使われ方の説明もお願いします。毎回集めるのか、初回または最終回に集めるのかは決めてください。

- † ミーテングを始めるときは祈りましょう。落ち着いて神様に信頼しましょう。グループの歩みは神様のものです。

・初回の経験は大きかったように思う。良く記憶していないところもあるけれど、自分自身の変化にも驚き「これはすごいことが起こっている」と実感したことが大きかった。

・繰り返し経験する中で、参加している人の変化にも驚きまたそのことが自分自身にも返ってきて自分自身の成長にもつながっていく。

・神への信頼を、日々の生活の中で持ち続けるため。
この取り組みをする中で、いつも立ち戻され、思い起こさせられ、自分の弱さと向き合いながら、また自分に言い聞かせながら、信頼していくことができるのではないか。

ファシリテーターとしての取り組みを続けたいと思ったのはなぜですか

ファシリテーター経験者5名に聞いてみました

・昨今「霊的同伴」がキリスト教会の中で、大きな注目を受けており、また求めが多いと感じる。ステップではこの働きを提供していると思う。自分自身にも必要であることを実感している。

・毎回新鮮な驚きがあり、教えられることがある。

・特にステップ11の「祈りと黙想」はとても大切にして来たこと。祈りと黙想の中で問題をくぐりぬけていくことは私たちキリスト者に与えられている大きなめぐみであり、また豊かな導きであることを確信すると共に、この働きが広がっていくことを期待している。

Step1

私たちは、神からの救いの贈り物が必要であることを認める。すなわち、生活のある面では私たちは無力であり、時には罪を犯し、生活管理ができないことを認める。

Step2

私たちは、イエス・キリストの人格において来られた、自分より偉大なみ力が、私たちの弱さを強さへと変革してくださることを、聖霊を通して信ずる。

Step3

私たちはより完全にキリストを理解したいと望みつつ、自分に見えてきたキリストの配慮に自分の意志と人生をゆだねる決心をする。

Step4

自分自身について、その強さと弱さについて、生き方の棚卸しを綿密に恐れずに行う。

Step5

自分の罪の正確な内容をキリストに対して、また、自分や他人に対して認める。

Step6

私たちはより霊的な生き方を妨げている性格上の欠点を、すべてキリストにいやしていただくための心備えをする。

Step7

私たちは至らない点をすべて変革して下さるように、キリストに謙虚に求める。

Step8

私たちは自分が傷つけてしまった相手についてリストアップし、そのすべての人に埋め合わせをしたいと願う。

Step9

そのような人々に直接埋め合わせをすることが相手や、その他の人々を傷つけるのでないかぎり、できるだけそうするように努める。

Step10

個人的な棚卸しを続け、自分が間違っていたら、直ちにそれを認め、間違っていない時は導きに対して神に感謝する。

Step11

祈りと黙想を通して、イエス・キリストについて理解しつつ、キリストとの意識的な触れ合いを改めていき、自分に対する主のみ心を知ることと、それを実行する力とを求める。

Step12

こうしたステップの結果、新たな霊性の知覚を経験しこれが神の恵みによる贈り物であることに気づいたら、進んでキリストの愛と赦しの使信を人々に伝え、これらの霊的生活の原則をあらゆる点で実行していく。

神様、わたしにお与えください。
自分に変えられないものを
受け入れる平静な心を
変えられるものは、変えてゆく勇気を
そして、二つのものを見分ける賢さを

一日単位で生き、一瞬一瞬を楽しみ、
この罪に満ちた世界を
自分がそこに染まるのではなく、
あるがままに受け入れ、
わたしがみこころに明け渡すならば
あなたがすべてを整えてくださると信頼し、

それによって、
この世においては適度な幸せに、
次の世においては、あなたのみそばで
最高の幸せにおらせてください。

SERENITYの祈り／A・Aの『平安の祈り』
ラインハルト・ニーバー 1943年

著者略歴：

松下景子（まつした けいこ）

東京基督教短大 神学科卒業。日本同盟基督教団 横浜白山道教会伝道師。
保育士：元横浜白山道教会 付属幼稚舎光の園 副園長。
横浜市：放課後児童クラブ光の園支援員。
「親のためのコミュニケーションスキル教室」インストラクター。産業カウンセラー（一般社団法人 日本カウンセラー協会)。「信仰の 12 ステップ」(キリスト者の生き方・成長の 12 ステップ）CLG12 ステップ事務局長。（Twelve Steps For Christian Living Groups）

ホームページ　https://www.clg12steps.com/
ホームページから事務局にメールで問い合わせをすることが可能です。
CLG12 ステップ（Twelve Steps For Christian Living Groups）事務局

語らいと祈り

信仰の 12 ステップに取り組んだ人々の物語

2023 年 7 月 1 日 初版発行

著　者 —— 松下景子

発行者 —— 安田正人

発行所 —— 株式会社ヨベル　YOBEL, Inc.

〒 113-0033 東京都文京区本郷 4-1-1　菊花ビル 5F
TEL03-3818-4851　FAX03-3818-4858
e-mail : info@yobel. co. jp

付録作成・装丁案 —— 藤原京子

装　丁 —— ロゴスデザイン：長尾優

印刷所 —— 中央精版印刷株式会社

配給元—日本キリスト教書販売株式会社（日キ販）
〒 162 - 0814　東京都新宿区新小川町 9 -1
振替 00130-3-60976　Tel 03-3260-5670

ISBN978-4-909871-91-6 C0016

聖書は、『聖書 新改訳 2017』（新日本聖書刊行会発行）を使用しています。

ヨベルの既刊書のご案内（価格は税込表示）

早坂文彦（臨床心理士、公認心理師、日本キリスト教団西仙台教会牧師）

ACTによるパストラル・カウンセリング入門——理論編

「感情はコントロールしないで、しっかり味わうようにする」が◎。教会には救いがあるが、癒やしがない。世の中には癒やしがあるが、救いがない。救いのある癒やしはどこに？最新の心理療法ＡＣＴを用いながらその全体像を平易に描き出す。

四六判・二五六頁・二七五〇円 ISBN978-4-909871-00-8

ラリー・クラブ 川島祥子訳（日本長老教会西武柳沢キリスト教会・教会主事、東京基督教大学、聖セシリア女子短期大学の非常勤講師）

ひとを理解する——なぜ、ひとは、関係を熱望するのか

聖書が教える「神のかたちを帯びる」ひとの理解に立って、心の深層にある問題の構図に迫る。聖書的カウンセリングの本質、霊的成熟の核心の考察は、みことばによる変容に啓明を与える。小グループでの学びにもより豊かな契機となる。

Ａ５判・三二〇頁・一九八〇円 ISBN978-4-909871-21-3

中井珠恵（公認心理師）

スピリチュアルケア——入門篇

患者さんが「神も仏もない」とおっしゃれば「ほんまにどこにいるんでしょうね」と答える——。ケアする者とケアされる人の世界が限りなく擦り合わされ、人知を越えたものを共有すらできる現場、スピリチュアルケアの最前線で働くキリスト者が語る宗教、牧会、痛み、たましいといのちの輝き。

四六判・二二四頁・一七六〇円 ISBN978-4-909871-75-6

ヨベルのホームページ https://yobel.co.jp